【新装版】
何のためにあなたは生きているのですか

大田 篤
Ohta Atsushi

ロング新書

はじめに

人は幸せになるために生きている

私達はこの地球という星に生まれてきました。誰もが一度は「自分はなんのために生きているのか？」と考えたことがあると思います。昔から人間はその答をもとめてきました。

哲学者や宗教家もその答をもとめ、それぞれの答を導き出してきました。もちろん個人個人で、生きる目的、目標は違います。

しかし共通していることは「幸せになるため」ではないでしょうか。不幸になりたいと思っている人はおそらくいないでしょう。

幸せの価値観が少しずつ違うだけで、生きている目標は〝幸せ〟――それで一致すると思います。

でも多くの人がそれを手にすることができません。

死ぬ時に、もう何も思い残すことはない。本当に幸せだと思って死ねる人がどれ位いるでしょうか?

今の世の中の流れを見ますと、私達は幸せを求めれば求めるほど、それから遠ざかっているような気さえします。

なぜ皆が幸せになれないのでしょう。

それは万物を創造した宇宙の力、宇宙の意志の目的と人々の目標がずれているからにほかなりません。

私はこの本の中で、本当の幸せとは何か? 何のために生きているのか? どうしたら幸せになれるのか? について皆様に一つでもヒントになればと考えています。

そして一人では幸せになれない、と気付いてほしいのです。今地球は大転換期にさしかかっています。今から私達は人類始まって以来、誰も経験したことのない大峠にさしかかります。

それは伝説に残る大陸の沈下や、ノアの大洪水を上まわる規模になります。しかしそれは地球が美しく生まれかわるための大掃除なのです。

台風が過ぎ去った後のきれいに澄んだ空気、青空。人間が汚してしまった地球をきれいにするために、地球の自浄作用が働くだけなのです。その美しく輝く地球に、残れるか、残れないか、それは自分自身で決めるのです。

二〇〇一年六月十五日

大田　篤

「最後の審判」を乗り越えるために

この本は二〇年前に執筆し、翌年に出版された本です。本を読んで感動した、共鳴した、と言っていただいた読者の方々の口コミのお陰で、二〇年たっても少しずつ売れ続け、一〇度の増刷をさせていただきました。ベストセラーにはなりませんが、出版社の社名の通り、ロングセラーにはなっています。

今回、在庫が無くなったので、改訂版として出版しませんか？　と声をかけていただきました。この本は、キリスト教で「最後の審判」と呼ばれる、大天変地異を乗り越えるための意識改革を促す目的で書いた本です。


「世の終わり近づけり、汝ら悔い改めよ」

「天国は近づけり、汝ら悔い改めよ」

表現は違いますが、世界の歴史に残る不思議な力を持った偉大な先人達が、同じことを警告されています。

「地上天国」「ミロクの世」と呼ばれる、神の愛と光に包まれた平和で幸せな世界がやがて訪れる。しかしその前に「最後の審判」神の裁きがあると。

何千年も前から警告されてきた時代が来たのです。


そこでもう一度、皆さんに問いかけたいと思います。

「何のためにあなたは生きているのですか？」

二〇年前に出たときのまま再出版させていただきますが、一章に、今起こっている問題を加筆いたしました。

「世の終わり近づけり、天国は近づけり、汝ら悔い改めよ」

この本が、あなたの愛、あなたの良心を揺り動かしますように願いを込めて。

二〇二〇年八月二七日

大田　篤

はじめに 3

プロローグ

生命はすべてつながって生きている 17

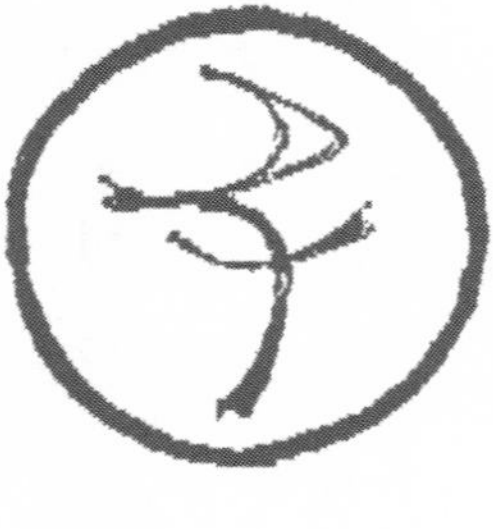

第1章 あなたは真実を知っていますか
——コロナウイルスは本当に死の病でしょうか　25

第2章

あなたは何がほしいのですか

第3章

生まれてきた理由《わけ》

第4章

癒しと滅びの時代に向かって 129

第5章

あなたは生き残れる人間ですか

終章

みんなで幸せになるために 215

プロローグ

生命はすべてつながって生きている

●地球は一つの生命体である

宇宙や地球は意志を持っています。「地球は一つの生命体である」という考え方をする人が最近かなり多くなってきました。科学者と言われる人達にもこういう考えを持つ人が増えてきました。

遺伝子の解説で世界的に有名な、筑波大学名誉教授、村上和雄先生も「私達は誰かが書いた遺伝子の情報を読んでいるにすぎない、これを書いた人がいる」と言っています。

村上先生はこの誰かを、サムシング・グレイトと呼んでいます。これを「宇宙意志」と呼ぶか「神」と呼ぶかは自由です。

私達人間は昔からこの全てを創造した意志に「ヤハウェ」「アラー」「天之御中主命《アメノミナカヌシノミコト》」……等、いろいろな時代、場所で名前をつけてきたにすぎません。

宇宙や地球が意志を持っているのは、自然を見ればよくわかります。地球にあふれる生命はすべてつながって生きています。

単独で生きていくことができる生物はいません。動物の食物連鎖を見ても草花と虫、鳥の関係を見てもそうです。肉食獣の数が多く草食動物の数が少なければ両方が滅びてしまいます。

草食動物の足がもっと速く、肉食動物につかまらなければ肉食獣は滅び、草食動物は増えすぎ、草を食べつくして滅びるのです。

全ての生命が過不足なくつながっているのが自然界です。

太陽と月の距離にしてもそうです。太陽や月が今と違う位置にあれば地球に生命が誕生したでしょうか？

今、地球温暖化が地球にとって大きな問題としてのしかかってきています。このままでいけば二十一世紀の終りには平均気温が三度近くも上がると騒いでいるのです。たった三度でそこに住む生命にとっては致命傷になるのです。

全てがちょうど良い位置に、ちょうど良い数だけある。これが偶然でしょうか？

男と女の数にしてもそうです。どの国のどの時代をとっても、女が足りなくて奪いあったとか、奈良時代は男が少ししかいなかったとか聞いたことがありません。

女の子が百人に対して男の子は約百六人生まれるそうです。それは乳幼児の死亡率が約六パーセント男の子が多いからです。そして大人になれば皆、相手がいるのです。女ばかり四人の姉妹がいればその近所に男ばかり四人の兄弟がいる。それでちょうど良いのです。

これらは偶然でしょうか？　いろいろな国、いろいろな時代で何百年、何千年……と偶然が続いていると考える方が不自然です。宇宙や地球はバランスをとっているのです。

●自然界に何一つ役割りのないものはない

地球にはいくつかの絶対的な法則があります。この法則から外れているものは自然界には存在しません。

地球という星はすべてがきれいになるため、向上するために生まれて来る星です。

地球という星のことを理解するために重要なのは、地球には何一つ要らないものはないという事実です。

自然界には何一つ役割りのないものはありません。人間の嫌いな汚いと思われているもの、たとえばハエやゴキブリ、あるいは醜い動物、インフルエンザ、コレラさえも必要なのです。

これらの生物は何をしているのでしょうか？　アフリカの草原でライオンがシマウマを倒します。空腹を満たしたライオンは、シマウマの死体を残して立ち去ります。その死体を食べるためにハイエナやハゲタカがやってくるのです。死臭や腐敗臭《ふはい》につられてハエが飛んできてウジが湧《わ》き、それをきれいに食べてしまいます。

答えは簡単で「掃除屋」さんだということです。

皆さんも「大掃除するから手伝って」と言われたら、きれいなドレスや着物を着て行かないはずです。汚れてもいいかっこうをして行きます。

死体にカラスがむらがっていても誰も不思議に思いません。しかし死体にツバメやインコやペンギンが、むらがっていたら気持ち悪いでしょう。

「掃除屋」さん達がいなければ地球は死体だらけ、ゴミだらけになってしまいます。掃除が終わり、きれいになったあとには、「掃除屋」さん達は姿を消すのです。

昔からよく言われるミステリーに「カラスの死体がなぜないのか？」という議論があります。

今、東京はカラスが増えて困っています。集団でゴミを目当てに飛んで来て明治神宮等の都会の森に帰っていきます。何万羽というカラスが夕方、森の上空を旋回している姿を見ることができます。

しかし「事故で死んだカラスはいても、老衰で死んだカラスを見たことがない」と森を掃除している人達が言うそうです。

これはカラスだけではありません。ネズミはネズミ算ということばがあるほど、一年で莫大な数に増えると言われています。ではそのネズミはどこにいってしまったのでしょうか？　タンスの裏？　排水溝？　大量のネズミの死体を見たことありますか？

これにはっきりした答を出した人はいません。わかっているのは、汚れた場所にいつのまにか大量に発生し、きれいになれば姿を消すということです。

「掃除屋」たちがいなければ、キリンやコアラやツバメがやらなければいけなくなってしまいます。ハエやゴキブリさえも、そこをキレイにするために存在し、見た目でその役がわかるということがすごいのです。

そしてきれいなものはきれいなところにしか住めないという絶対法則があります。美しい姿をしたものは必ず美しい場面にいます。汚い姿をしたものは汚いところにしか住めません。

きれいな水と汚い水とにそれぞれボウフラを入れてやると、汚い水のボウフラは生き、きれいな水のボウフラは死にます。同じように二つの水にアユを入れるときれいな水のアユは生き、汚い水のアユは死にます。

住める場所は絶対的に決まっているということです。

第1章

あなたは真実を知っていますか

——コロナウイルスは本当に死の病でしょうか

●「コロナウイルスの真実」

コロナウイルスは本当に死の病でしょうか？

ＴＶでは朝から晩まで新型コロナウイルスで大騒ぎです。「三密を避けて、人との距離は二メートル。ソーシャルディスタンスを取って、マスク、フェイスガード、レジはビニール越し……。新しい生活様式を取り入れましょう――」

まるで中世ヨーロッパで流行し、1/3以上の人を殺した黒死病（ペスト）の感染爆発が起きているかのような恐れようです。

皆さんはなぜそんなにこの病が恐いのですか？

ＴＶやメディアが騒いでいるから？　感染症の専門家が警告しているから？

でもここで冷静になって、自分の頭で考えてみて下さい。実質的に中国、韓国からの入国がほぼ無くなったのが二〇二〇年の一月末、それから二月～七月までの六カ月でコロナウイルスの死者数は一〇二〇人です。

この六カ月の間にガンで亡くなった日本人は約二〇万人、心臓疾患で亡くなった方は一〇万人以上です。日本人の三大死因は、ガン、心疾患、脳血管疾患と言われてきました。

しかし二〇一一年に三位と四位が入れかわり、一二万四千七四九人が亡くなった肺炎が三位になりました。毎年一二万五千人以上が肺炎で亡くなっています。

ということは、毎日三四〇人以上が肺炎で亡くなっているのです。八〇歳以上では死因の二位が肺炎なのです。近年は誤嚥性肺炎を別にカウントするため、肺炎死は年に約九万五千人ですが、それでも毎日二六〇人以上が肺炎で亡くなっています。

寝たきりのお爺さんが風邪を引きました。風邪をこじらせて肺炎で死にました。誰もパニックになりません、日常の出来事です。

ではなぜコロナから肺炎になって死んだら大騒ぎするのでしょうか？　一日に三四〇人が肺炎で亡くなっているということは、三日で一〇二〇人、二六〇人としても四

2011年の死因順位

順位	死因	死亡数	死亡総数に占める割合(%)
1位	悪性新生物	35万7305	28.5
2位	心疾患	19万4926	16.6
3位	肺炎	12万4749	10.0
4位	脳血管疾患	12万3867	9.9
5位	不慮の事故	5万9416	4.7
6位	老衰	5万2242	4.2
7位	自殺	2万8896	2.3
8位	腎不全	2万4526	2.3
9位	慢性閉塞性肺疾患	1万6639	1.3
10位	肝疾患	1万6390	1.3
総数		125万3066	

日で一〇四〇人です。新型コロナの死者は、半年で一〇二〇人なのです。

●危機を煽る御用学者

今回のパンデミックに対して、「ただの風邪」「風邪より死亡率は低い……」と疑問を呈している教授や医者もたくさんいるのです。

しかし緊急事態宣言以降は、そのような意見を言う専門家はＴＶから排除されました。

今回のパンデミックを煽った厚労省クラスター対策班の大学教授は「このまま対策を取らなければ四二万人が死亡する」と発表しました。

専門家会議の「一〇代～三〇代の若い人達が自覚なき感染源になっている。集まらないように……」との意見に対して、フジＴＶの『グッデイ』の中で司会者から「どう思うか？」聞かれた久住英二先生は

「たくさんの方が一同に会することで感染症が拡がりますから、一〇代から八〇代ま

で集まるのはおやめになった方がいいと思いますが、それをやめなればいけないほど、この感染症の病原性が強いのか？　たくさんの人を殺してしまうのか？　どうなのか、というところも冷静に考える必要があって、八〇％の方が軽症ですむ感染症、死亡率もインフルエンザと同様くらいだと思います。インフルエンザの時期に皆さん普通に宴会とかやってますよね。それを今ここでこんなに制限するというのは、少しやりすぎのように思います」

と、専門家会議の方針に疑問を投げかけています。

この番組が放送されたのは三月末ですが、九月の時点で新型コロナウイルスによる死亡率は、インフルエンザの死亡率より、かなり低いのです。

久住先生が言われるように、冷静に考えて、今起こってることを見回して見れば、専門家でなくても新型コロナは「死の病」ではなく「ただの風邪」だとわかるはずです。日本の人口は一億二五九三万人、半年で一〇二〇人が死亡。一二万五千人が暮らす町で、半年の間に高齢者が一人感染症で死んだ、と大騒ぎしているのです。

結局、本当に恐いのはウイルスではなく、ただの風邪なのに脅されてパニックになり、経済崩壊に向かって進み始めた社会なのです。

●二〇〇九年にも流行した「死の病」

二〇〇九年、メキシコで新型インフルエンザが発生し、北米で「死の病」が拡がり始めた、というニュースが米国のＴＶで放送されました。

そしてＷＨＯ（世界保健機関）が、伝染病の警戒レベルでは最高の「フェーズ６」を発令したのです。フェーズ６は「死の病」の感染爆発が起きているということです。

カナダを訪問し、成田に帰国した大阪の高校生三人がこの新型ウイルスに感染していたことが判明し、ついに日本に「死の病」が入って来た！　と大騒ぎになりました。

国の専門家会議は、多くの人が死亡する可能性を示唆し、手洗いの徹底、マスクの着用、人込みを避ける、予防接種を呼びかけました。

実はこの時も、「死の病」とウイルスの危険性を煽る専門家と、「ただの風邪」とする専門家に分かれていたのです。

ウイルス学者、元国立公衆衛生院感染症室長の母里啓子先生は、二〇〇九年一〇月一〇日の朝日新聞「私の視点」の記事の中で、警鐘を鳴らしています。

『新型インフル・ワクチン接種は慎重を期して』「……疫学者からみればインフルエンザワクチンは、予防接種の中で最も効かないものの一つだ。小児の脳症も高齢者の肺炎も、インフルエンザで体力が落ちたところに、解熱剤の使用や（中略）……健康な人ならば、新型インフルエンザにかかっても、死ぬことはまずない。かえって強力な免疫ができる。

効果が証明されていないにもかかわらず、重い副反応が出やすい妊婦や幼児にまでワクチンを勧める厚労省の方針に、危機感を覚える。かつて社会防衛のために、健康な学童にまで強制接種し、多くの副反応被害を出した愚を繰り返してはならない。今でも毎年、ギランバレー症候群や脊髄炎などの重篤な副反応が厚労省に報告されている……」

しかし残念ながら、母里先生のように「死の病ではない」と真実を語ってくれる専門家がＴＶに出ることは無く、多くの国民は「死の病」と信じ込んだのです。全国のＴＶで、県で初の患者が確認された時は、「〇〇県で新型インフルエンザの感染者発生!!」とニュース速報が流れ、国内のワクチンメーカーは、フル稼働でワクチン製造をしても、数千万人分不足している、と英国の製薬メーカーをはじめ、海外からも大量のワクチンを購入しました。そして「死の病」が流行したときのために数千万人分の抗ウイルス薬を備蓄することになったのです。

二〇〇九年、皆さんの住む町で誰か亡くなりましたか？　知り合いの人で死んだ方、おられるでしょうか？　結局、普通のインフルエンザよりも死亡率は低かったのです。本当に専門家会議の先生達は「死の病」だと思っていたのでしょうか？

ＷＨＯはなぜ、「フェーズ６」を発令したのでしょうか？　騒動が収まった頃、英国医学雑誌が「製薬メーカーが、ＷＨＯを買収したのでは？」という疑惑を掲載しました。

この騒ぎで抗ウイルス薬が爆発的に売れて、巨額の利益を得たスイスの製薬会社から、WHOに巨額な寄付金が渡っていたことが判明したのです。これは疑惑であって真相はわかりません。しかし世界最先端の感染症研究者が集まっているはずのWHOが、ただの風邪に「フェーズ6」と出したことは間違いない事実なのです。

●信用できないPCR検査

新型コロナウイルスも、インフルエンザも風邪の一種です。風邪は二〇〇種ほどのウイルスによって起こります。多いのがライノウイルス、四〇%弱がこのウイルスです。次いでコロナウイルスが三〇%、アデノウイルス、RSウイルス……。

つまり、昔からある普通の風邪も三割ほどはコロナウイルスなのです。PCR検査で普通のコロナと新型の見分けがつくのか？　それは出来ません。そもそもPCR法を発明した米国のキャリー・マリス博士は、一九九三年のノーベル化学賞をPCR法発明で受賞されているので、まだ新型コロナウイルスは存在していないのです。

キャリー博士は「PCR法を感染症検査の目的に使用するべきではない」と発言し

ています。

ＰＣＲ法は、遺伝子配列を可視化するためにＤＮＡの断片を数百万から数億倍に複製する技術で、ウイルスそのものを検出するわけではないのです。新型コロナの遺伝子配列があるかどうかを探してウイルスの有無を判断します。

しかし同じような遺伝子配列を持った他のウイルスや、死んでいるウイルスであっても反応する可能性があるのです。

では「同じような遺伝子配列を持ったウイルスはどの位あるのでしょうか？　米国で使用されているＣＤ社の検査キットには、反応する可能性があるウイルスとして、新型コロナウイルス以外には、コロナウイルス、アデノウイルス、ＲＳウイルス、インフルエンザ、マイコプラズマ、クラミジア、その他常在ウイルスが記されています。

ということは、ＰＣＲ検査で陽性反応が出ても、新型コロナウイルスではない可能性も大きいのです。こんな不確実な検査で陽性反応が出たために、休業になったり、店がつぶれたり、小さな町では村八分になったり、子供がイジメにあったりしているのです。

新型コロナウイルスを見つけるための検査にはＰＣＲ法は向かない、ということは、目的は違うということです。

●一一年前と同じ手口です

二〇〇九年の新型インフルエンザ騒動で莫大な利益を手に入れた複数の製薬会社。結局「死の病」ではなかったのに、この騒動以降、医療関係者、介護施設、教育機関に勤務する人、公共施設、その他多くの会社でインフルエンザワクチンを接種するようになりました。

いざというときのために始めた抗ウイルス薬の備蓄も、何も起こらなければ、消費期限が来て廃棄され、また数千万人分を購入することになります。

この薬を製造しているのはスイスの製薬会社ですが、開発して特許取得したのは米国の製薬会社です。二〇〇九年の騒動が起こるより前に、この会社の株を大量に購入した大富豪が複数いるのです。

大物政治家も何人も含まれています。シュルツ前国務長官は株取引きで七億円以上儲けました。しかし、桁違いに財産を増やしたのはこの会社の会長を務めていた米国の前国防長官です（二〇〇九年の騒ぎの時は、会長を退いていましたが今でも一番の大株主）。

この会社がインフルエンザの特効薬として開発した薬は、薬の副作用を調べている先生方が全年齢で禁止にするべきだ、と国に働きかけている問題の多い薬なのです。この薬が日本で使われ始めた頃から、インフルエンザの死亡率が、どんどん上がっています。

大阪市立総合医療センターの小児救急料の先生が、「新型脳症」を報告しました。睡眠中に突然死した三歳以下の幼児五人中四人がこの抗ウイルス薬の服用後、睡眠中に呼吸が止まった、という報告です。

医薬ビジランスセンターの先生は、動物実験で、赤ちゃんラットに抗ウイルス薬を投与すると一〇分~四時間後にラットが死亡する。子供達の死亡経過が、その動物実験の死に方とそっくりである。

抗ウイルス薬が発売されてから「新型脳症」が報告されている。その他いろいろな実験や調査の結果、新型脳症の原因は抗ウイルス薬と関連があると考えられる。と語っています。

残念ですが、私たちの国は、何度も同じ過ちをおかしています。

●米映画「インフェルノ」の恐怖が現実に？

世界的ベストセラー『ダビンチコード』の作家ダン・ブラウン。彼は事実を元に小説を書く作家です。次に映画化されたのが、『天使と悪魔』そして三作目の映画が、二〇一五年に製作された『インフェルノ』です。

米国の大富豪の生化学者が人々に地球の危機を訴えます。

「地球の人口は一〇億人に達するまで一〇万年の時間を要した。しかし、そのわずか一〇〇年後には二〇億人となり、一九七〇年に四〇億人を超え、今は八〇億に近づいている。四〇年後には三二〇億の人々が生存をかけて争うだろう、だが滅びる。地球の歴史において過去五回の大規模な種の絶滅が起きた。もし我々が思いきった行動を即座に起こさないと六度目に滅びるのは人類だ……」。

そして彼は人類を半減させるために伝染力の強い「死のウイルス」を作製し、撒こうとするのです。

トム・ハンクス扮するラングドン教授はWHOと協力して、「死のウイルス」が撒かれる前に見つけて計画を阻止出来るのか？……。

私はセミナーや塾で、この映画を見るように薦めてきました。近い将来、必ず起こるとわかっていたからです。

私も二〇年前のこの本『何のためにあなたは生きているのですか』の中で、地球が助かるには、我々人類が滅亡するしかないのでしょうか？　と問いかけました。映画の中の生化学者の考えは間違った地球愛ですが、彼の訴えるようにこのままでは滅びてしまう……ということも真実です。

この大金持ちの生化学者のモデルが、ビル・ゲイツ氏です。彼は実際に、同じような発言を何度もしています。

カリフォルニア州で開催されたTED2010会議で「何より人口が先だ。現在、世界人口は六八億人である。これから九〇億人まで増えようとしている。そんな今、我々が新しいワクチン、医療、生殖に関する衛生サービスに真剣に取り組めば、およそ一〇～一五%は減らすことが出来るだろう」と講演しています。

二〇一二年にも七〇億を超えたことに関して聞かれた時に「人口削減にはワクチンが有効」と答えています。ビル&メリンダ・ゲイツ財団は疫病予防のためにワクチン接種の普及と推進を行っています。

コロナウイルスの騒動が起きてから、何人かの人から、二〇年前の大田先生の本『何のためにあなたは生きているのですか』に、二〇二〇年に人類の半数が伝染病に冒される、と書いてあります。凄い！　と連絡をいただきました。

本に書いてある問題は、ほぼ予想通りに訪れてきていますが、二〇二〇年の件は、予言ではなく、ＷＨＯが九〇年代中頃に発表した予想です。本を出した時はそう思って載せました。

しかしすぐに、これは予想ではなく、計画ではないのか？　と気付きました。ジャーナリストのパトリック・ジョーダン氏が、一九七二年のＷＨＯの内部資料に「ワクチンで人類を減らす計画」が記されていることを発見し暴露したからです。

ＷＨＯの予想で、はっきりと年代を限定しているのは「二〇二〇年に人類の半数が伝染病」しかありません。映画『インフェルノ』の中では、ＷＨＯは、ウイルスがばらまかれるのを止めようとする側ですが、現実は反対なのです。

●本当に必要なワクチンは？

私は、現在日本で接種しているワクチンで必要なものはあるのか？　と考えたときに、その病気で死ぬ確率、ワクチンの副作用のリスク等を天秤にかけて、リスクを冒してまで接種する必要があるワクチンは無いと考えます。

二〇二〇年八月に、アフリカ大陸でのポリオの根絶というニュースが流れました。現在地球上で小児麻痺が残っている地域は、バングラディッシュとその周辺の国のごく一部です。日本では四〇年以上前から、自然のウイルスによる患者は出ていません。ところが病気を予防するためのワクチンのウイルスにより、小児麻痺の患者は、近年不活化ワクチンが認可されるまで出ていたのです。

バングラディッシュに引っ越すのならば接種しようかと考えてもいいですが（それでもリスクの方が高いと思います）、日本の赤ちゃんには必要のないワクチンだと思います。

日本脳炎の子供の死者も、四〇年以上出ていないので接種の必要は無いと思います。二〇一二年、岐阜県美濃市で日本脳炎ワクチンを接種した小学校五年生の男の子が五分後に容体が急変し死亡した、というニュースが流れました。

その年に日本脳炎ワクチン後の死亡報告は二人目、岐阜県で日本脳炎で死んだ人は一人も確認されていません。大阪より東で、日本脳炎の死者は出たことが無いのです。

日本の赤ちゃんは、何種類ものワクチンを接種しています。無料のワクチンもどんどん増えています。一昨年にはB型肝炎のワクチンを国が一七〇億の予算をつけて〇歳児無料化にふみきりました。

TVで接種を呼びかけている専門家の先生はこう説明をしていました。「大人にB型肝炎ウイルスが入って来たときに、慢性化する確率は一〇人中一人、ところが〇歳児だと一〇人中九人が感染してしまいます。ですから国は、〇歳児の無料化を決めました」たしかにその説明を聞けば、お母さんは接種しておいた方が安心と思うでしょう。

ではB型肝炎のお子さんが、どのくらいおられるのでしょうか？　日本で五歳以下の子供のB型肝炎患者は約百万人に一人です。

『医者に殺されないための47の心得』が大ベストセラーになった慶應大学医学部の近藤誠先生の著書『ワクチン副作用の恐怖〜医師として、これだけは書いておきたい〜』の本の帯に、◎乳児に七本同時接種で急性脳症　◎川崎病の発症に、ＢＣＧその他のワクチンが関与　◎HPVワクチンで子宮頸がんは防げない　◎麻しんワクチンに脳症のリスク　◎B型肝炎ワクチンで、「多発性硬化症」◎接種直後に心肺停上でも、専門家は因果関係を認めない　◎新型インフルエンザワクチンの「異常に高い死亡率」……と書かれているように、様々な副作用の可能性があるのです。

ワクチンの箱には「劇薬」と書かれているのです。国が赤ちゃんに何種類ものワクチンを勧めるようになって急増している病気に「自閉症」があります。

私が子供の頃、たくさんの子供達がいましたが、聞いたことのない病名でした。今は「自閉症」のお子さんは、珍しくありません。

二〇〇一年三月二八日、米国テキサス州オースチンの裁判所で「自閉症」のお子さんを持つ親御さんが「自閉症」の原因はワクチンの防腐剤であると、製薬メーカーを訴えて集団訴訟を始めました。

自閉症のお子さんの脳からチメロサールという有機水銀が検出されるのですが、これはワクチンの防腐剤で、食品や、その他の原因で脳に蓄積される可能性はほぼ無いからです。

七月にはオレゴン州ポートランドでも同様の裁判が始まり、それ以来、次々と被害を訴えて集団訴訟を起こしたのです。その結果、裁判所は被告である大手製薬メーカーの過失を認めました。

ワクチンの防腐剤チメロサールが動かぬ証拠になったのです。

ところが日本ではこの問題を取り上げようとしたTBSの『報道特集』に強い圧力がかかり、放送出来なかったのです。

●インフルエンザワクチンは効かない

ワクチンの中で、一番接種する意味がないのは、インフルエンザワクチンです。

インフルエンザの最大の特徴は、遺伝子が変異する、ということです。鳥インフルエンザは鳥の病気、豚インフルエンザは豚の病気です。ですから本来、私たちには感染しないはずです。

ところが、どんどん遺伝子が変わって、人間にも感染するようになったら新型インフルと呼ばれる訳です。今流行しているウイルスに対して、ワクチンを製造しても、ワクチンが出来た頃には、もう違う病気なのです。そんな予防接種は誰も使いません。

そこで日本が「使います」と手を上げるのです。一九六二年から小中学生への集団接種が始まりました。しかし予防出来ませんから、ちゃんと流行して、学級閉鎖、学校閉鎖が起こっていたのです。

元国立公衆衛生院感染症室長の母里啓子先生は『インフルエンザワクチンは打たないで！』という本を出されていますが、その帯にこう書いています。

「ウイルスを学んだ者の常識です！　効きません」世界中のウイルス学者で効果があると思っている人は一人もいない。脳症や重症化を防ぐ、は嘘。インフルエンザワクチンはなくてもいい薬。儲かるから無くならないと言いきっておられます。

二〇〇九年「死の病」騒ぎで、結局死ななかったのに、インフルワクチンで一〇〇名以上が命を落としました。近藤誠先生の「異常に高い死亡率」です。そして二〇〇九年以降、日本でギランバレー症候群という病気が増えています。女優の大原麗子さんが亡くなられた病気です。

一九八一年に開かれたインフルエンザワクチンのシンポジウムで、ウイルス学会会長の東北大学石田名香雄教授が冒頭の挨拶で「ここにいるウイルス学者で、インフルエンザワクチンが効いていると思っている学者は一人もいないだろう」と言われたそうです。

効果の無いワクチンで、死亡したり、寝たきりになっているのです。職場で強制的に打たれている人も多いのです。こんな間違ったことを、いつまで続けるのでしょうか？

●新型コロナウイルスでは死にません

新型コロナもインフルエンザも、対処法を間違わなければ死ぬような病気ではありません。

一九一八年に流行したスペイン風邪は、どうして多くの人を殺したのでしょうか？ インフルエンザは感染力が強いので、かなり昔から、世界的に流行していたことがわかっています。しかし一九一八年までは死の病ではありませんでした。

それまで、風邪を引いた時は、それぞれの国や地域に伝わる民間療法で対処していたのです。日本だと、卵酒やネギを首に巻くとかです。

一九一八年も最初の頃は死者が出なかったことが書かれています。しかし、米国で、アスピリンという薬が素晴らしい、劇的に熱が下がる、と絶賛、宣伝され、世界中に大量に流通しだしたら、多くの人が死に始めました。スペイン風邪を研究している医学者で、大量死の原因はアスピリン、という説をとなえている研究者は何人もいます。
一昔前まで解熱剤といえば「アスピリン」と言われるほど代表的な薬でしたが、今では危険性も多いことがわかってきたので、一部の病気を除いてほとんど使われなくなりました。

代わって安全な解熱剤として非ステロイド系解熱剤が多く使われるようになりました。ところが、二〇〇〇年の一一月、厚生省の研究班、森島恒雄名古屋大学教授が、前年度にインフルエンザ脳炎、脳症で亡くなった子供が、どんな治療をしていたか調べた結果、非ステロイド系の解熱剤ジクロフェナクナトリウムを使った子は半分以上、メフェナム酸を使った子は四人に一人が死んでいたことが判明したのです。

これを受けて厚生省はこの二種の解熱剤の使用禁止の指示を出しました。そして一一％と一番死亡率の低かった、アセトアミノフェンを使うように指示を出したのです。

それまでインフルエンザ脳炎、脳症の死亡率は約四〇％と言われていましたが、この二種を禁止した次の年、その次の年、と死亡率は約一〇％に下がっています。

朝日新聞　2000年(平成12年)11月16日　木曜日

インフルエンザ 脳炎・脳症

ボルタレン「使用中止を」

厚生省 症状に悪影響

患者全体の 使用止めよ

インフルエンザ 脳炎・脳症

一部解熱剤で死亡率14倍

非ステロイド系 厚生省が調査

使用禁止を指示

2009年の東京の様子

しかし一番肝心なことは、森島教授の調査で、解熱剤を使用しなかった子供の死亡率が四・一％と一番低いということです。

インフルエンザウイルスを投与して、高熱が出たウサギを治療しない時の死亡率が九・三％。解熱剤で熱を下げた時の死亡率四五・八％というデータもあります。

メフェナム酸で熱を下げたら、リンパ節中のウイルス量は一〇〇倍～一〇〇〇倍に増えることもわかっています。

母里先生が朝日新聞で「小児の脳症も、高齢者の肺炎も解熱剤の使用や……」と語られているように、体はウイルスが入って来たら防御のために熱を出してウイルスを撃退するわけですから、熱を下げれば、ウイルスが増えて、脳症や肺炎になる確率が上がるのです。

熱も、鼻水も、咳も、治ろうとする反応なので風邪薬で止めると治りにくくなり長引く。解熱剤、抗ウイルス薬、風邪薬を飲まないで、しっかり水分を取って寝る。そうすれば自然に治るのです。

●ニューヨークで開かれた二〇一九年一〇月一八日「EVENT201」は本番前のリハーサルか

二〇一九年一〇月一八日、ニューヨークで世界経済フォーラムが開かれました。冒頭に接拶をした、WHOのマイク・ライアン　エクゼクティブディレクターが衝撃的な発言をします。

「パンデミックに備えるシミュレーション演習です。今回のシナリオは近い将来現実になるかもしれません。私は非常に感染力が高いパンデミックに直面すると考えます。我々はそんなパンデミックへの備えは出来ているのでしょうか?

我々は国境と産業を超え、そのような脅威に立ち向かうことは出来るのでしょうか?」

主催はジョンズ・ホプキンスセンター、フォー・ヘルス・セキュリティ、共催がビル&メリンダ・ゲイツ財団、そして新型コロナウイルスがブラジルの豚から人間に感染し、世界中に拡がって行く、というシミュレーションを実際に起きているかのように進めていきます。

司会進行は「ジョンズ・ホプキンス大学」のトム・イングレスビー氏。「現在凄まじいパンデミックが始まろうとしています」ビル&メリンダ・ゲイツ財団を中心に、WHO、CDC、国連、世界最大の広報会社エデルマン、世界銀行、ジョンソン&ジョンソン……刻々と感染者、死者が増えて行き、渡航が禁止され、観光業が倒産、株価は大暴落、会社はテレワーク、……と今現在起きていることがそのまま進められて行きます。彼らは大予言者なのでしょうか？　まだ新型コロナはこの世に存在していないのに、まるで未来を見てきたようです。それはまるで舞台での本番の前の最終リハーサルのようです。

そして最後にもっとも時間をかけたのが情報コントロールの話し合いです。

インターネットやSNSに誤情報が拡がって行き、TwitterとFacebookはデマを拡散するアカウントを停止……パニックを封じるためにインターネットを閉鎖した国も……。

参加者の発言です。

「我々の業界全体がこの陰謀論に関係しているという噂です」「誤情報によりこのウイルスは医薬品会社による人工的なものだと信じる人がいます。こうしたデマは非常に危険で命に関わるものです」「国内と国際両方に信頼性の高いソースを確立し、そちらの情報へ誘導することが最も効果的だと思われます」……。

近いうちに『インフェルノ』のようなことが必ず起こる、ビル・ゲイツがウイルスを流行させる日が近づいている、ということは確信をもって、私の塾生や勉強会で伝えてきましたが、彼らがみずからこんなに堂々と手の内をアピールするとは……。

人類総家畜化計画と呼ばれてきた、世界の一%未満の大金持ちによる世界支配計画の話は「陰謀論」と呼ばれ、バカにされてきました。

陰謀はバレないように、こっそりとたくらむものです。しかし彼らは、もう陰謀を隠す気もないんだなと、「ＥＶＥＮＴ２０１」の映像を見ながら、これは絶対に失敗しない、自分達の思い通りになる、という自信の現れだと感じました。

数年以内に新型コロナウイルスのパンデミックが起こる、と思っていたら、さっそく情報コントロールの一端を垣間見るような放送がありました。

二〇一九年一〇月一八日にシミュレーションが行われ、一〇月末にはＮＨＫが、「インターネットやＳＮＳの誤情報を信じて、ワクチンを拒否する人がいる」と朝のニュースで特集したのです。

首都圏に住む主婦が子供にワクチンを打ったことを話したら、近所の母親サークルで「可哀そう」と言われた。「ワクチンには副作用があって」と聞き、ショックを受けた。そこでインターネットやＳＮＳで調べたら「ワクチンは危険、ワクチンの水銀で自閉症になる、ワクチンは効かない、ワクチンで不妊になる、ワクチンは製薬会社の陰謀」という誤情報があふれていた。その誤情報を信じて、我が子を病気になるリスクの危険にさらしてしまった。と反省する内容です。

世界中で誤情報を信じた人たちによるワクチン忌避が拡がっていて、ＷＨＯも危惧している、という内容です。

NHKはなぜ、ワクチンの危険性を誤情報と断定しているのでしょうか。アメリカの裁判所は、自閉症の原因はワクチンの水銀と認めているのです。

今から世界中の人にコロナウイルスのワクチンを接種していく、しかし真実を知った人が、接種してはいけない！　とか、ビル・ゲイツの陰謀とか、SNSやネットで情報を流す。そこでSNSやネットのワクチン情報を信じるな、すべて誤情報という刷り込みです。


映画『インフェルノ』で撒かれるのは死のウイルス、原作では不妊になるウイルスです。しかしそんなウイルスを撒いたら、自分たちだって感染するかもしれません。そんな危険性を冒さなくても、ワクチンに不妊を引き起こす成分を入れれば目的を達成できるのです。多くの人に、ただの風邪を「死のウイルス」によるものだと思い込ませることに成功しました。

早くこの恐怖から解放されたい、一刻も早くワクチンを作ってほしい。テレビ司会者も、コメンテーターも知ってか知らずか、ワクチンが出来れば安心、と誘導しています。

一〇月一八日のパンデミックシミュレーションで数年以内に起こる、と思っていたら、何とその六週間後に中国武漢で新型コロナウイルスが発生。ＷＨＯのマイク・ライアンディレクターの「近い将来、現実になるかもしれません」――あまりにも近すぎませんか？　こんなわざとらしいシナリオでも、世界は彼らの思い通りに動いているのです。

●テレビ、新聞の情報を鵜呑みにしないで、何がフェイクで何が真実か、見極める目を持って下さい

二〇〇九年の新型インフルエンザ騒動のきっかけになった米国のＴＶニュース「多くの人が死に始めた……」結局そんな事実は確認出来ませんでした。

三月末に衝撃的なニュースが世界中に配信されます。ニューヨークで患者が激増し、医療崩壊が起きている。死体安置室が溢れ、死体収納が間に合わず冷凍トラックが間に合わせの安置室として使われている。エルム・ハースト病院の女医コーリン・スミスが世界中にニューヨークの惨状を訴えます。

そして四〇〇台送られてきた人工呼吸器に対して、クオモ・ニューヨーク州知事が「人工呼吸器四〇〇台でどうしろと? 三万台は必要なのに……」と叫ぶのです。この様子は日本のニュースでも流れました。

ところがエルム・ハースト病院にはコーリン・スミスという女医はおらず、彼女はサックラー大学院生物医学科学研究所で学生に臨床シミュレーションを教える人物だったのです。

多くのニューヨーク市民がネットに投稿します。ニューヨークのどの病院に行っても、死者どころか患者も見当たらないと……。ニューヨークから惨状を訴える日本人女医も全員ヤラセなのです。

世界中で感染爆発なんて起こっていない、テレビが嘘を流している!! と次々に映像が投稿されているのです。

三月二六日にクオモ州知事が「人工呼吸器を確保するのに助けが必要です」と訴えます。三月二七日トランプ大統領が、こうツイートします。「連邦政府が送った一〇〇〇台の人工呼吸器がニューヨークの倉庫で発見された。ニューヨークに直ちに供給しろ！」

このことをレポーターから質問されたクオモ州知事はまともな返事が出来ず、しどろもどろになってしまいます。

そして「要するに我々は人工呼吸器を備蓄として抱えている。それらはまだ病院には送っていない。それは当然だ。病院はまだ必要としていない。病院はまだピークに達していない。現在、十分に足りている……」とまったく辻褄が合わない言い訳をするのです。「三万台必要！」と叫んでいたのに……。

アメリカの議員で医者のスコット・ジェンセン氏がＦＯＸテレビで政府のメディケアから病院に、コロナと診断した入院患者一人に対し一四〇万円を支払う、人工呼吸器を利用すれば四二〇万円支払う、と通知があったことを暴露。

世界中でインチキコロナ死を増やすように、各国政府が圧力をかけ始めています。

激増する新型コロナの感染者と死者。

皆さん、新聞をよく見て下さい。誰が数字を集計して発表していますか？　ジョンズ・ホプキンス大学の集計と書かれています。

シミュレーションで、刻々と感染者と死者が増えている、と司会をしていた人たちが、本番でもそのまま発表しているのです。文藝春秋七月号の特集「コロナ後の世界」で「ワクチン無しには日常は戻らない」と訴えているのはビル・ゲイツです。貧しい国々にもワクチンを……。


テレビ、新聞の情報をそのまま鵜呑みにしないで、冷静に、何がフェイクで何が真実か、見極める目を持って下さい。

しかし、この計画は成功しません。世界中の神話や伝承にあるように、人間が欲望のままに暴走したときには、必ず天の怒りを買うからです。

第2章

あなたは何がほしいのですか

●「きれい」がわからない日本人

いま、日本人には、本当に大きな意識の転換が必要だと思うのです。

私は九〇年代中頃のことですが、当時の勤め先の環境事業に関連して中国政府に招かれたことがあります。中国の内陸部の、経済的には最も恵まれていないと言われる農村地域を視察しました。確かに、生活は豊かではありませんでしたが日本の昔の生活ぶりを見ているような、懐かしい気持ちにさせられました。

農家は農耕用の牛を引きながら田んぼを耕していました。子どもたちは外に集まって、メンコやコマのようなもので遊んでいました。青ッパナをたらして、頬っぺたが真っ赤でカサカサしているような、昔の日本にいたような子どもたちにたくさん出会いました。

幼稚園などで見かける日本の子どもたちは、それに比べると本当にきれいです。髪もサラサラしていて、清潔できれいな洋服を着ています。ここに先程ご紹介したような中国の子どもたちが混ざったとすると、いかにも中国の子どもたちの方が汚れているように感じます。しかし、ここで今までの私たちの価値観を見直してもらいたいのです。

きれいな森の中を、きれいな川が流れていたとします。想像してみて下さい。美しい流れは、目も耳も肌も喉も癒してくれます。この川のほとりに、今ご紹介したような中国の人たちが村を作ったとします。その川はどうなるでしょうか。何も変わりません。流れはいつまでも美しいままです。

しかし、そこに私たちきれい好きの日本人が村を作ったらどうなるでしょうか。しばらくすると、その川の水はそのままでは飲めなくなります。やがてどんどん流れは汚れていき、アブクが立ち始め、異臭を放つドブのような川になってしまうでしょう。私たちは、自分たちをきれい好きだと思っているのに、周りの、自然はこの有様です。

一体、本当にきれい好きなのは、中国の人と私たちとどちらだったのでしょうか、ということです。

自分たちがきれいになればなるほど、周りが汚れていく人たちのことを、本当の「きれい好き」とは呼ぶわけにはいきません。世界中の人が、日本人のような意味での「きれい好き」になってしまったら、地球はもちません。

しかし、勘違いはこれだけにとどまりません。「自分たちがきれいになることで周りが汚れていく」と言いましたが、自分たちは本当にきれいになったのかということです。実は、自分たちの体の中は、もう大変な状況になっているのです。

肌がきれいになるというクリームや乳液を、女性の方はいろいろとお使いのことと思います。アロエがいいよ、と聞けば、それをつけてみたりするでしょう。それは、肌につけたものが皮膚の中に浸透して吸収されると思うからつけるわけです。

では、どうしてシャンプーやリンスや、台所用の合成洗剤が体の中に染み込んでいると思わないのでしょうか。

皮膚の油の層を突き破って染み込む力は、シャンプーやリンスや合成洗剤の方がはるかに強いのです。

日本のお母さんの体内の血液や羊水は、世界で最も汚れていると言われています。

羊水や子宮にできた筋腫が、化学物質の臭いがすることがあると言う産婦人科の先生もいます。肌につけても良いものは、本来口に入れても良いものだけです。体内に染み込むのですから当然です。

抗菌、除菌、防ダニ、防カビ、消毒、私たちは、こういうことが世界一好きな国民です。そして、自分たちを衛生的できれい好きな人間だと思っています。しかし、こうした農薬同様の化学物質に囲まれて、体内を汚染され、世界一汚れたお母さんの羊水の中で胎児が悲鳴をあげているのです。

本当に「きれいな」生活とはどういう生活かということについて、私たちは価値観の転換を迫られているのです。

●手遅れ間近い紫外線対策

一九九九年はオゾンホールが一気に広がった年でした。その後も地球の南北でオゾンホールは拡大し続けています。オゾン層減少の影響は、もうほとんど地球全域に広がっています。

地球にオゾン層が形成されるまでは、一切の生命は地上には住めませんでした。オゾン層ができたことによって、水の中にいた生命が地上に上がって来られたわけです。従って、このオゾン層が破壊されてしまえば、生命は再び海の中にしか住めなくなってしまいます。

一九九八年のガン学会で東大の石川教授が「五分でアウト」という報告をしています。真夏の日光は五分間でＤＮＡを破壊して皮膚ガンの原因になるというのです。日本でも既に日光が、このくらい危険な殺人光線に変わってきてしまいました。

一九九九年には関西医大の堀尾教授が「裸で日光浴なんて自殺行為」と発表したことが新聞報道されています。若い人によく見られる日光浴について、堀尾教授は「同じ状況の動物実験で簡単にガンを作ることができる。上半身裸で日光浴するなんて自殺行為だ」と言い切っています。ということは、日本人は夏になると海岸で集団自殺をしていることになってしまいます。

カナダの医師団は、五年間日光浴を続けた子どもは手遅れかもしれませんと言っています。カナダでは最も日光の強い午前一〇時から午後二時までの間に、外で遊んでいる子どもはほとんど目にすることがないということです。ゴールドコーストで有名なオーストラリアのクイーンズランド州では、一九九八年に州から配布されたパンフレットに「既に二人に一人の子どもに皮膚ガンの兆候が現れている」ことが記されています。

このような状態であるにもかかわらず、日本という国は、この殺人紫外線について全くといっていいほど対策が議論されていません。

先進国といわれている国々では、もう何年も前から対策が取られ、国民に対する啓蒙も進んでいます。新聞やテレビの天気予報では、バーンタイムという、一日に日光に当たってもいい時間が表示されます。その日の日差しの強さによって、五分であるとか二〇分であるとかいう数字が発表されます。日本では、これが始まる気配が全くありません。

この対策を国まかせにしていては、本当に手遅れになってしまいます。役所の通達を待っていたのでは、たくさんの子どもが皮膚ガンに襲われてしまいます。教育の各現場での意識を高めていくしかありません。

九州の私立幼稚園の園長さんが、オゾン層破壊の話を聞いてご自身でオーストラリアに視察に出かけました。そして、オーストラリアでは対策が行き届いている現実を目の当たりにして、ご自身の幼稚園でも日よけ帽子を園児に着用させるなど一気に取り組みを始めました。

これはすぐさま近隣の幼稚園に波及して、六つの幼稚園で対策が始まりました。遊び場にはテントが設けられ、園児が直射日光にさらされるのをできるだけ防いでいます。この幼稚園は色々な環境教育に取り組んでおられ、私が園長先生とお会いしたときに、「この子たちが大きくなって日本を変えていきます」とはりきっておられました。このような幼稚園が増えていけばたのもしいと思います。

●止まらない地球温暖化——私たちは地球のガン？

地球温暖化の問題も、依然解決の糸口すら見出せていません。現在、南北の極地の氷が恐ろしい勢いで融け出しています。南極では、地図上の南極大陸の形を書き換えなければならないほど、大規模な氷の滑り出しが起きています。標高の低いいくつかの島国は国全体が水没の危機にさらされています。

日本でも、人口が密集している大都会はほとんどが標高の低い沿岸部に集中していますので、これらが大きな被害をこうむるのは避けられません。

地球温暖化は様々な問題を引き起こします。たとえば、食料問題があげられます。気候的な地球規模のバランスが不安定化することにより、局地的な異常気象が頻発します。干ばつや洪水、台風や熱波、寒波など農業生産に著しい打撃を与える気象災害が多発します。

以前、名古屋で年間降水量の三分の一にあたる集中豪雨が一日で降り、大きな被害をもたらしたのは、記憶に新しいところです。

東京、福岡などでは、流れ込んだ雨水で地下室の人が溺れ死ぬという前代未聞の惨事も起こりました。災害のひとつひとつは局地的なものですが、多くの災害が地球規模で同時に発生することが、地球の食糧事情を非常に不安定にするでしょう。

また、急激な気候の変動に、生態系がついていかれるかということも問題です。将来の農業生産に対するこの影響は計り知れません。

また、地球温暖化は、伝染病の猛威を呼び起こす可能性もあります。WHO（世界保健機関）が二〇二〇年には人類の半数が伝染病に冒されるだろうという予測を発表していています。恐ろしい伝染病というのはほとんどが熱帯性であり、人口が多いのは温帯、亜熱帯の地域であって、地球上で一種の住み分けがなされていました。

ところが温暖化によって、熱帯に閉じ込められてほとんど人間社会と交渉をもたなかった病原体が、人口の多い地域にどんどん広がってくることが予想されます。

この予測は九〇年代中頃に発表されましたが、その後の温暖化の進行、病原菌の拡大は予想を上回るペースで進んでおり、二〇二〇年には予測にある通り、人類の半数が伝染病ということになるだろうと言われています。

温暖化を引き起こしているのは、二酸化炭素をはじめとする温室効果ガスです。そして、二酸化炭素の増大をもたらしたのは、化石燃料への依存と、止まることを知らない森林の破壊、特に熱帯雨林の破壊です。熱帯雨林はその四分の三を既に失ってしまいました。

人間は酸素がなければ生きていけません。その酸素を生み出してくれる森林を、次々と破壊してきたのです。

アマゾンのタダ同然の熱帯雨林を、日本の企業などが買い集めて焼き払っています。世界で一番森林を破壊しているのは日本です。

心臓や肺の四分の三を失ってしまったということと同様です。残った四分の一の心臓や肺を何としてでも守らなければならないのに、いまだに破壊は恐ろしいスピードで進んでいます。

環境国際会議で「日本は地球のガンだ!!」と発言した人がいました。森林破壊をはじめ、この狭い国土にこわす所が無くなってきたら、発展途上国にでかけていき援助の名のもとに、必要の無いダムや巨大工事をする国。

「ダムはいらない!!」という原地の人々の声に耳をかさず、強引にたくさんのダムを作ろうとしているこの国の姿は、まるで家の柱をかじる白アリのようにさえ感じてしまいます。

自分達もその家に住んでいるのに……。

●自給率三〇パーセントを切った食糧

新聞や雑誌などで、飢餓に苦しむアフリカの子どもたちの写真をご覧になることがあると思います。骨と皮だけの子どもたちの姿に多くの人が心を痛めるでしょう。しかし、これを自分たちのせいだと考える人はほとんどいないと思います。

日本の市場には、アフリカ沿岸をはじめ、インド洋、太平洋、大西洋など世界中の海で獲れた魚が集まります。世界一の漁港は、成田空港という「港」だと言われています。世界の水産資源の総輸出量の約三割が、成田空港に「水揚げ」されているのです。

世界中の魚を食べているのが日本人です。農作物も同様です。世界中の農産物を買い付けて日本に運んでいます。

これは、市場経済のルールに則って日本人が「買って」いるのです。しかし、「買う」ということは「奪う」ということと等しいのです。たとえば、日本の近海で獲れた魚を、日本人が一匹百円で買おうとしているときに、外国人が一匹一万円で買うと言えば、いくら魚が獲れてもそれは私たちの口には入りません。そのようなことが、逆の立場で世界中で起こっています。

アフリカの海でとれた魚はアフリカの人たちのものではないでしょうか？

日本人は、こうして大量にかき集めた食料を大量に捨てています。そして、世界中で一日に五万人近くもの人が飢餓で命を落としています。こんなおかしな構図が許されていいのでしょうか。これがいつまでも続くでしょうか。

三〇パーセントを切った食糧自給率の中で、日本食といわれるものも、その食材の多くは輸入品です。大豆は、四パーセントの自給にとどまり、従って味噌も醤油も納豆も豆腐もその原料のほとんどは輸入大豆です。日本人の食生活を輸入食料が支えているのです。

外国産の食品の何が問題でしょうか。第一には、食品を遠くから運んで来るために、腐ったり傷んだりすることを防ぐ処置が必要になるということです。ポストハーベストの問題です。

防腐剤や防カビ剤や殺菌剤のプールの中に農産物やフルーツはザブンと漬けられたり、そのシャワーを浴びせられたりします。

強力な発ガン性などで自国内では使用が禁止されている薬剤も、輸出用のポストハーベストとしては使用が許可されている例もあります。遠くから食品を運搬するということは、そのこと自体不自然なのです。

しかし、外国産食品がもっと問題なのは、それに頼っていたときに、もし輸入が途絶したらどうなるのかという問題です。いつか入ってこなくなるときがくるのではないかということです。

世界的に見ても、これほど食料自給のできない国はまれです。食料自給率は国の生命線です。石油や鉄が無くても生きていけますが、食料が無いと人は生きることができません。

ヨーロッパの国々は自給率を大切にします。戦争が起き、隣の国が敵になれば、食料のない国は滅びるからです。

かつて、イギリスは自給率が一〇〇パーセントを割り込みそうになり、国中が大騒ぎとなって対策をとり、現在では一二〇パーセント近くの数字を達成しています。自給率の数字に対する感受性が、日本とは明らかに異なるということです。

●低自給率国家の末路

日本は戦後、アメリカ式の豊かな生活にあこがれて、農業を破壊して工業化を進める政策を一貫してとってきました。

しかし、当のアメリカは農業大国です。アメリカは自国の利益のために、日本の農業破壊を支援し、日本をアメリカの余剰農産物に依存する消費者にしようとしました。

そして、まさにその通りになっています。

私たちが貧しい地域だと思っているアフリカは、コンゴが九〇パーセント、エチオピアが九九パーセント、ナイジェリアが五八パーセント、スーダンが九四パーセントというように、大部分の国が、日本よりもはるかに良い、一〇〇パーセント近い食糧自給率を確保しています。

自給率が三〇パーセント以下の国は、リビア、イエメンといった砂漠の国、タジキスタンといった山岳地帯、マレーシア、パプア＝ニューギニアといった熱帯のジャングルの国など、もともと気候風土が耕作に適さない国です。農業ができるのに、農業を捨てて食料を生産しない国はこの日本と、そして韓国ぐらいです。

韓国は日本の影響を大きく受けました。日本が農業を捨てて豊かな生活を手に入れたと同じ道を韓国も歩んできました。食糧自給率は日本同様四〇パーセント台を割ってしまいました。今、世界一受験戦争が激しい国は韓国です。次いで日本です。韓国でいじめのことを「イジメ」というそうです。援助交際のことを「エンコー」というそうです。日本の悪い面がどんどん韓国に及んでいっているようです。

二十一世紀は、五人に一人が中国人といわれています。その上、その中国人が日本人と同じ生活を始めたらどうなるかということです。

厳しい食料事情が伝えられる北朝鮮の食料自給率は七二パーセントです。戦時中の飢餓状態を描いて多くの人の涙をさそった名作アニメ『火垂るの墓』が描いているのは、食糧自給率がおよそ七〇パーセントの頃の日本です。この水準で貧しい人は死に始めます。それが現在は三〇パーセントを切る数字なのです。

●経済の崩壊が起こったとき

異常気象による農業の壊滅や、戦争の勃発による食料輸入の途絶など、いろいろなことが心配されますが、今一番身近に起こりうるのは経済の崩壊です。これは時期の予測は種々あるでしょうが、起こるということは間違いありません。

日本の九百兆円といわれる国家債務は、国家を維持できる限界に近づいています。年金、生保、金融をはじめとして様々な経済制度が瓦解寸前の状態です。あるいは、引き金を引くのは日本とは限りません。アメリカのバブル崩壊が先かもしれません。

いずれにしても、通貨が紙切れになるときが来ます。そのときには、日本はついに世界中から食料をかき集める力を失います。

世界中の食料を奪っている国、自給自足を破壊してしまった国を助けてくれる国はありません。今私たちにできることは、農業を守ること、少しでも自給率を上げることです。

たくさんのお金を貯えている人はお金が紙切れになる前に有効に使うべきです。自給自足のための農地を買ったり、農業を支援して下さい。人間は自然がないと生きていかれません。

お金が価値を失ったとき、輸入が止まった時、都会は廃墟になってしまうのです。

●「人類の滅亡」が、地球が助かる最良の道

環境問題に関していろいろお伝えしてきましたが、はっきり言いますと、もう事態は非常に絶望的です。

オゾン層がなくなれば人間のみならず地球上のすべての生物が死滅するのに、それでも破壊にストップがかけられません。そして、地球は温暖化によりその温度をじわじわと上げており、恐ろしい伝染病が次々と現れています。戦争の火種は世界の至る

所に絶えることはなく、ダイオキシンや環境ホルモンによってオスがメス化したり、精子の異常によって子どもが生まれない世界になろうとしています。

種の絶滅も進んでいます。いろいろな生き物が地球上から姿を消しつつあります。たとえば身近にも、トノサマガエルがいなくなった。メダカがいなくなったというような変化が至るところに起きています。

世界の人口が増え続ける中、間違いなく食糧危機が来ます。天変地異や大地震も起こるでしょう。ということは、どれひとつをとってみても、人類が滅びるのに十分な大問題が、これから続出してくる、深刻化してくるということです。

ところで、このような天変地異や、飢餓や、戦争や、伝染病の蔓延、そういった大災害は、起こった方がいいのでしょうか。当然みなさんはそんなこと起こらない方がいいとおっしゃいます。

でも、何も起こらなかったら一体どうなるでしょうか。何も起こらなかったら、このまま人間はオゾンホールを広げ続ける、地球の温度を上げ続ける、木を切り続ける、水を汚し続ける、空気を汚し続ける、山を崩し海を埋め立て続ける……。このままでは五〇年で地球は死の星になってしまいます。

もうすでに、熱帯雨林は七五パーセントが破壊されてしまいました。これを全部切ってしまうと、当然地球上の酸素はなくなっていきます。でも木を切るのをやめないわけです。

では逆に、明日、地球上から人間が一人もいなくなったらどうなるでしょう。木を切る人も、空気を汚す人も、水を汚す人もいなくなるということです。その日から、地球はものすごい勢いでよみがえってくるでしょう。そして、二〇年たったら、水も空気もきれいになり緑は蘇り、花は咲き乱れ、鳥は歌う素晴らしい世界になることでしょう。

地球が助かる最良の道は、「人類が滅びる」ことだということです。それしか残されていないとさえ言えます。本当にそれでいいのですか。地球を残すためには滅びるしかない、人間はそんな存在であり続けるのでしょうか。

●本当の財産とは

私たちはお金のためにかけがえのない自然や、生命を犠牲にしてきました。豊かさを求め、世界で一、二を争う金持ちになりました。そして幸せになったでしょうか？　未来がバラ色と思っている人がどれだけいますか？

環境の崩壊と同時に人間の心は乱れ、毎日のようにニュースで流れる理由なき殺人。子が親を殺し、親が子を殺す。教育の現場でも小学校でさえ学級崩壊が起きています。政治家、官僚、医者、教師、警察から裁判官まで次々に噴き出す汚職やモラルの低下。多くの人が未来に希望ではなく、このままいけば日本はどうなってしまうのだろうという不安を感じているのではないでしょうか。

お金は人を幸せにしない、とそろそろ気付かなくてはなりません。たとえば両親と三人兄弟の五人家族がいたとします。お父さんが死にそうになったとき、奥さんも子どもたちも、「お父さん死なないで」と思います。

しかし、お父さんが自分や家族のためにたくさんの財を築くと、お父さんではなくお父さんが死んだあとの遺産のことをみんなで心配します。

お金は持てば持つほど、実は孤独になっているのです。お金持ちの周りに人が集まっているのは、その人にではなく金に集まってきているのです。

お金がすべてと思っている人は、お金が価値を失ったときに、すべてを失うということです。

近いうちに経済は崩壊し、お金は価値を失います。本当の財産とは何でしょうか？それは人です。自分の周りにどれだけ心から信じられる人がいるか、自分を信じてくれる人がいるか、です。

お金や地位や物でつながっている人は誰も信じられなくなります。少ない食料を奪い合うでしょう。

それに対して、心でつながっている人はいざというときに安心です。助け合い分けあって生きていくでしょう。本当の仲間を作って下さい。お金持ちの人は、世のため、人のために使って下さい。そうすれば、たくさんの人の信頼と感謝を得るでしょう。

●人を幸せにする場所とは

大多数の日本人が「自分さえ良ければ人はどうなっても……」という価値観の中で生きています。自分や家族に食べさせられないような物を平気で人に売るというのはそういうことです。

皆さんはどのような場所に行ったとき、幸せを感じますか？

『アルプスの少女ハイジ』に出てくるような美しい山々、優しいおじいさんに村人たち……。美しい南太平洋の海と白い砂浜、そこに住む笑顔の幸せそうな人々……。

大切な物は何でしょう、美しい自然でしょうか、もちろんそれは大切な要素です。しかし一番大切なのはそこに住む人々です。

日本人の多くは職場や学校、家庭や社会の中で疲れているといわれます。しかしそのような場所に行くと心を癒されます。みんなが幸せそうな中に入ると人は癒され幸せを感じるのです。

いくら自然が美しくても人々が争ったり競争している場所では、幸せを感じることはできません。みんなが優しくて、みんなが微笑んでいる中で人は幸せになっていきます。

ということは今の日本人の価値観はおかしいということです。自分だけ幸せになろうとしても決してなれません。みんなで幸せになろうという人たちが集まって来るとそこは幸せの場所になるのです。

人間は六〇兆の細胞が集まって一つの命を作っています。地球も同じです。多くの生命が集まって地球という一つの命なのです。

中指が幸せになりたい、親指や小指はどうなってもいいというわけにはいきません。一つの細胞だけ幸せになることはできないのです。すべての生命はつながっているということを思い出さなくてはなりません。

私たち人間も、地球の中の一つの細胞なのです。

●「あなた方は一体何を待っているのですか」

ここで、一九九三年四月に開催された「グローバルフォーマル京都会議」の席上で、セブリン鈴木さんという当時一三歳の少女が述べた「閉会の辞」をご紹介したいと思います。

私は、環境問題の講演をこの「閉会の辞」を朗読してしめくくることもあるのですが、読んでいるうちに彼女の想いが心に響いて泣きそうになってしまいます。

これはもう何年も前の発言なのですが、今なお、この問いかけに私たちは答えられないでいます。

グローバルフォーラム京都会議より（一九九三年四月）

閉会の辞　セブリン鈴木（一三歳）

――

「お話させていただくこと、とても光栄です。

こんなことを言うのを許していただきたいのですが、グローバルフォーラムを聞いていて物足りなく感じました。

私たち子どもは自然と親密な関係を失っていません。おたまじゃくしや花や昆虫などを愛しています。そして人間が自然の一部であることがよくわかります。

『価値の転換はどうすればいいか』と一生懸命に話をしている大人の人たちを見ていると、複雑なことを考えすぎて、簡単なことを忘れてしまっているように思うのです」


「価値の転換の秘密は、子どもの頃を思い出すことです。自然の中で遊んだこと、それがどんなに好きだったか、それがどれほど大切だったか、大人が何でも解決してくれると信じていたこと、何が正しく何が間違っていたかを思い出してください。

本当に大切なことは、純白で偽りのないことです。

あなた方の中の子どもの心は、一番大切な価値や本質を知っています。それなのにあなた方の興味は出世やお金儲けのことばかりです。

あなた方は『子どものとき自然はいつもそばにあった』という思い出をもつ最後の世代になってしまうのではないでしょうか。すでに都会の子どもたちには自然に触れ合う経験はありません。

私は二一世紀に一二歳になります。あなた方の残した地球で生きることになるのです。

私たちが生きることのできる地球を残すためには、大きな変革を急いで実行する必要があります。本当にそれをしてもらえるでしょうか。もしあなた方がやらなければ、一体誰がするのでしょうか。

もうこれ以上私たちの地球を破壊することを正当化することはできません」

「ソマリアやバングラデッシュでは子どもたちが飢えで苦しんでいます。でも豊かな国の政府は分け与えることはしたくないようです。

私には、貧困や公害をなくすことのできるお金が破壊や殺人のために使われていることが不思議でなりません。

私は子ども環境機構（ＥＣＨＯ）で自然の保護活動をしていますが、いつも『経済が第一だ』という論争に巻き込まれます。

でもきれいな空気、水、土がなければどうやって生きていけるというのでしょう。あなた方にはどうしてそれがわからないのですか」

「友だちの両親はタバコを吸います。そして『大人になってもタバコを吸ったらダメよ』と言います。でも、きっとその子はタバコを吸うと思います。

大人は子どもの見本なのです。

大人はよく言います。『子どもは大人の望み、子どもは未来を、世界を救うでしょう』と。でも、それは言い訳です。子どもにとってあなたがモデルなのに、子どもがあなたと違う行動を取れるでしょうか。

いつも言っているではないですか。『けんかをしてはいけない、生き物を傷つけてはいけない、分け合いなさい、欲張ってはいけない』と。

でもあなた方はどうして、いけないことばかりしているのですか。

私の両親は環境保護の活動をしています。私は、それを誇りに思います。将来を失うということはとても恐ろしいことです。お金がなくなったり株が下がったりすることとは比較になりません。

私はたくさんの動物、鳥や昆虫を見ることができましたが、果たして私の子どもはそれらを見ることができるのでしょうか。

あなた方は子どものとき、こんな恐ろしい心配をしたことがありましたか」

「すべてはあなた方の時代から始まっています。

そして『まだ大丈夫、まだ時間がある』ように振る舞っています。

でもオゾンホールの修復の仕方を知っていますか。

死んでしまった川に鮭を呼び戻せますか。

絶滅してしまった動物たちを生き返らせられますか。

砂漠になってしまった森を元に戻せますか。

それができないのならせめて、もうこれ以上壊すのは止めて下さい」

「ブラジル地球サミットのとき、リオで道に住んでいる子どもを見てショックを受けました。その一人が私に『もし僕が金持ちだったら、みんなに食べ物や服や小屋をあげるのに……』と言いました。

必要なものをすべて持っているあなた方がなぜ、もっと欲しがるのでしょうか。

このグローバルフォーラムで聞いたことは去年リオでも聞きましたが、私には混乱はさらにひどくなるように思えます。

会議で決めたことが実行されるのはいつのことでしょう。本当に心配でたまりません。あなた方は私たちのモデルです。私たちはあなた方のようになろうとしているのです。どうかお手本を見せて下さい。勇気を失わないで下さい」

「『他の子の言うことなど気にしないで。人の真似をするんじゃありません』と言うではありませんか。どうして変化を怖れるのですか。

最後に、世界中の子どもたち、未来の人たち、動物、植物を代表して尋ねます。

『あなた方は何を遺産として私たちに残してくれるのですか』
『あなた方は一体何を待っているのですか』
ありがとうございました」

●私たちが決めること

今、世界は分かれ道に立っています。何百年何千年姿を変えなかった海や山や川は、私たちの世代で大きく姿を変えてしまいました。私たちの生き方次第です。たくさんの人が気付き始めています。

「みんなでしあわせになろうね」と思っている人の輪が広がれば世の中も変わっていきます。

日本を変え、世界を変えるといっても、まず手始めは自分からです。新しい時代の価値観を受け入れて、まず自分自身のしあわせから広げていって下さい。

そして、奪い合うのではなく、与え合う喜びを、一人でも多くの人と分かち合って下さい。

地球と共生して生きていくか、自然と共に姿を消していくか私たちが決めるのです。

第3章

生まれてきた理由《わけ》

●私たちの中の一個の細胞も銀河系

「果てしない大宇宙」という言い方をよくします。人間は外を見てどこまでも広がる大宇宙に夢を馳せます。しかし内に目を向ける人はあまりいないようです。

大宇宙がどこまでも続いているように、実は小宇宙も果てしなく続いているのです。簡単に言えば大きな物は小さな物の集まりであるということです。広大な大宇宙の中では大銀河系でさえ小さな一細胞にしかすぎません。

無数の星が集まる銀河系の中では太陽系は小さな一細胞です。その中に私たちの星、地球があります。

私たちは、地球という一生命体の中のいわば細胞である人体のことを、よく小宇宙と呼びますが、まさに一人一人の体の中にも宇宙が広がっています。私の中の一個の小さな細胞も銀河系かもしれないということです。

私たちの今の科学のレベルではすべての物質は原子が集まって構成されているとさ

れています。

この原子が発見された頃には究極の粒子、これ以上小さな物はないと思われていました。

しかし電子、陽子、中性子、さらにはクォークとどんどん小さくなっていきます。このクォークは物質の世界と物質ではなくなる世界の境界線にあるような物です。物理学もついに壁につきあたりました。そこから先は見えない世界に入ってしまいます。

しかしクォークさえも大きな物です。小さな粒子の集まりだということです。

宇宙には意志があると言いましたが、最初にこの大いなる存在の思いは唸りを生じ響きとなり、やがて輝き始め、ついにはまぶしい光となって広がっていきます。旧約聖書にはこの場面を、神は「光あれ」と言われた、そこに光があった、と描かれています。宇宙の始まりです。

思いは光であり極微粒子です。光の粒子は振動しています。中心に近いほど、この振動の周波数が速いのです。このまぶしい光はものすごい速さで広がっていきます。

光は少しずつその波長を下げ、次々と次元の違う宇宙を作りだしていきました。ちょうど池に小石を投げると、中心の波は小さく外にいくほど、ゆっくりした大きな波になるイメージです。

私たちが見ている宇宙はほんの一部です。違う次元の宇宙が無限に広がっているのです。宇宙に広がっていった光の粒子は少しずつ粒子が粗くなり、波長を下げ、やがて時間と空間と物質で構成された物質次元の宇宙を生み出します。

つまり私たちは粒子が粗いため、物質として存在しているということなのです。よく次元が低いとか言いますが、私たちの住む物質次元＝《イコール》三次元はあまり高い次元ではないのです。

●生きているということ

生きているということは粒子の粗い物質として存在している器＝肉体の中に、見えないエネルギー体＝霊体が入っている状態をいいます。

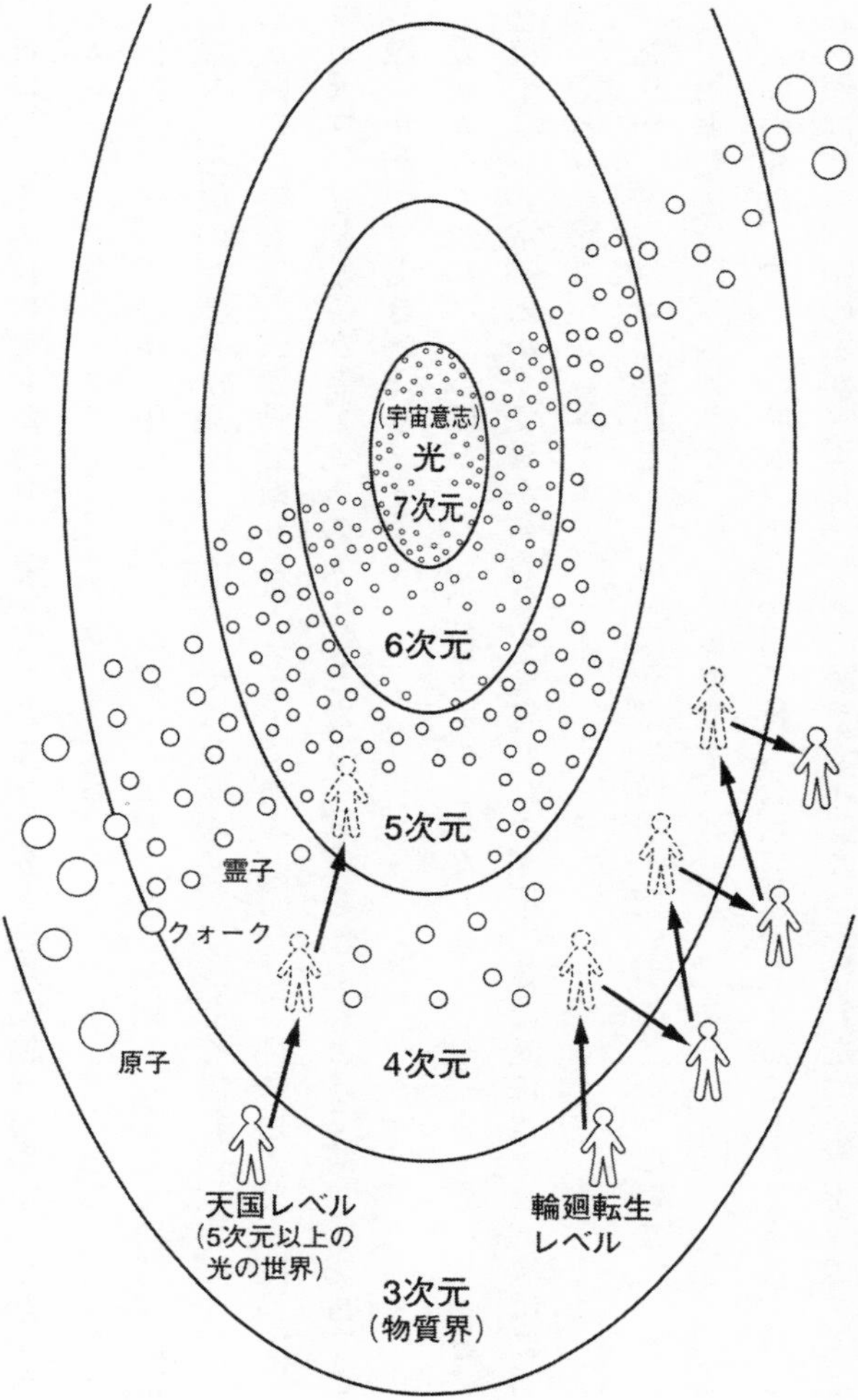
(宇宙意志)
光
7次元
6次元
5次元
霊子
クォーク
原子
4次元
天国レベル
(5次元以上の
光の世界)
輪廻転生
レベル
3次元
(物質界)

目に見える肉体はこわれたり、老いていきます。死とは単に使えなくなった器から中身のエネルギー体が出ていっただけのことです。

次元が高まって宇宙の中心に近づけば近づくほど、粒子が細かくなると同時に、密になり、振動の周波数が速くなります。そこは暖かく、まぶしく優しい世界です。

人間の思いもまた、波動でありエネルギーであると同時に、目に見えない粒子でもあります。遠隔治療などで遠方の人を癒したり、病気を治したりする思いの力は、この粒子が働いて引き起こします。

愛が大きくなればなるほど、思いの粒子は小さくなります。優しさや思いやりという粒子は、非常に細かくて暖かいのです。思われた相手の体は光に包まれ、次第に暖まっていき、癒されていきます。

怒りや、憎しみや、嫉妬という思いは非常に粒子が粗いものとなっています。そして、相手や自分につき刺さり、傷つけるのです。

人間の死は、コップが壊れて中身が出て行った状態にたとえることができます。コップが肉体で、中の水が「霊体」です。カラッポになった壊れたコップを見て、人は泣いたり悲しんだりしています。なきがらと言いますが、それは殻なのです。中身は見えなくともちゃんと存在しています。透明人間になったようなものです。

このコップの方は三次元の存在ですが、中身は四次元の存在です。あるいは、その愛のレベルによっては五次元以上の存在である場合もあります。宇宙全体についてはいろいろな考え方ができますが、こまかく九次元、一二次元、一五次元に分けたり、神道系の宗教で一八一段に分けたりしています。

しかし大きく分けて宇宙は七次元から成り立っています。宇宙の中心であり、宇宙の意志である最高の領域が七次元世界です。

●天国・地獄は存在するのか

不死の魂や輪廻転生はあると考える人が次第に増えてきています。

東京にある大きな総合病院の医師、看護婦に匿名でアンケートをとったところ、八〇パーセント近くが死後の世界はあると答えたそうです。

それでは、天国や地獄というものについてはどう考えたらいいでしょうか。天国や地獄は存在するでしょうか。

天国あるいは地獄と呼ぶべき世界は確かに存在します。天国や地獄を成り立たせているものは、「共鳴」という現象です。わかりやすい例をあげてみましょう。

マザー・テレサのような人にあこがれて、地球のため、みんなのために何かしたい、役に立ちたいと思っている人が集まっているこちらを白とします。

別の所に、近所の悪口が楽しくて仕方がない、人の不幸や苦しむ姿を見るのが好きで仕方がないという人が集まっているこちらを黒とします。

白の人が黒のグループに入って楽しいでしょうか。それは苦痛ではあっても、決して楽しくはないでしょう。黒の人が白にやって来ても、同じく苦痛です。暴走族やヤクザではない人が、暴走族やヤクザの中に入ったとしたら楽しくはありません。心が痛むでしょう。

友人関係にも同じことは起きます。かつて親しかった人も、こちらの価値観が変わって来ると疎遠になっていったりします。遊ぶことやお金を儲けることに興味がなくなったら友だちも変わってくるでしょう。つまり、すべては「共鳴」ということです。似たもの、近いもの同士が「共鳴」し合い引きつけ合うのです。悪だくみをしている所には悪い人が、良いことをしようとすると良い人が集まってきます。

そしてそのことは、肉体がなくなったあとも決して変わりはないということです。死んだ後も、人格や個性はそのまま続きます。

人の不幸が楽しくて自分さえよければいいという「魂」は、そういう「魂」の集まる場所に集まります。みんなが幸せだったらいいなと思う「魂」は、そういう「魂」で集まります。前の方が地獄となり、後の方が天国となります。

地獄は、幽界という二次元に、様々なものが形づくられています。その「魂」は欲や執着など、とらわれの中身によって、地獄の種類は千差万別です。その「魂」自身が意識の力で地獄を生み出し、似たもの同士で集まり出すのです。

一方、天国は、愛のレベルの高まった「魂」の住む五次元以上の世界のことを指すと考えた方がいいでしょう。五次元以上の世界、すなわち「光の世界」が天国です。

みんな自分で行く所を選んでいるということです。みんなが天国に行けば幸せかというと、決してそんなことはありません。レベルの低い「魂」にとっては、天国はまぶしくて苦痛で、とても入って行かれる所ではありません。そういう「魂」は闇に向かって、低い所に向かって飛んで行きます。みんなが幸せになればいいと思っている、愛のレベルの高い「魂」は光に向かって、上に向かって飛んで行きます。

●死は次へのステップ

近年、日本でも福島大学の元教授・飯田史彦先生のように死後の世界や輪廻転生について研究する学者も増えてきました。

ロッキード事件を追求した有名なジャーナリストの立花隆《たかし》さんは、数多くの臨死体験例を集め、本として出版しています。

私は日本中を講演して歩いていますが、臨死体験をした人がたくさんいることに驚いてしまうくらいです。

九州大学大学院の工学博士、高尾征治先生は「物質世界だけで宇宙をとらえるのは、科学者として正しくないと思うのです」と言われました。高尾先生は一緒に医学や科学の流れを変えようと力を注いでくれている方です。見えない世界、超微粒子の世界を科学的に解明しようと次々に新しい理論を出されています。

実は先生自身が子どもの頃そういう体験をされています。家の近くに佐井川という幅五〇メートルの川があり、小学校入学前に年上の少年に川に投げ込まれたそうです。川に落ちたショックですぐに意識を失い気が付いたら、イガグリ頭だけを水面の上にわずかに出してポカリ、ポカリ流れていく自分をはっきり見たそうです。

イガグリ頭の毛一本一本と頭皮までやけに鮮明に残っていると言われていました。幸運にも下流の方で桶を洗っていた漬物屋のおじさんが見つけてくれて助かったとのことです。

もし、そのおじさんがいなければ、私はそのままあの世行きだったと話されています。高尾先生は著書『脳内パラダイム革命がもたらす新しい宇宙生命像』（徳間書店）の中でもそのことにふれています。

私の友人も川で溺れて、似た体験をしています。彼は深みにはまり、底に沈んでいったそうです。キラキラ輝く水面の太陽がはっきり見え意識を失い、気が付くと川原に人垣が出来ていたので何事かと上から覗き込んだら自分が倒れていたそうです。夢でも見ているように人工呼吸を受けている自分を第三者と一緒に心配そうに見ていたら突然体の中に戻り、助かったと言っていました。

一度、臨死体験者に話を聞くことができると、「死」への恐怖が薄らいでいきます。私はかつて、臨死体験者五人を集めてみんなでお話を聞くというイベントを開催したことがありましたが、これは大変好評でした。

死んだことのある人の話を聞いておけば、死を目前にしても感じる恐怖も薄いらぎますし、死んでからも不必要にさまよったりショックを受けたりすることもなくなります。

体験者に共通していることは、肉体を離れてからは痛みも苦しみも感じなかったということです。そして一番辛かったことは家族が嘆き、悲しむ姿だということです。

多くの恐怖は、「死」の恐怖から生じたものです。「死」とは何かという本当のことを知ることによって死の恐怖がなくなれば、この世のほとんどの恐怖は消えてしまいます。

また、自分の大切な人の死に接して泣き叫ぶこともなくなるでしょう。土の中からセミの幼虫が出てきて背中が割れ、中身が飛び立っていった。その後の抜け殻を見て泣いているようなものです。死は次へのステップと考えればいいのです。

臨死体験というのは互いに共通している点が多く、「死」への考え方を変えていくのに非常に力があります。大体、はじめはみんな、死亡した部屋の空中に浮かんで、自分の死体と周囲の人の騒ぎぶりを見下ろしているようです。それから、「魂」のレベルに応じて行く所が決まっていきます。二次元世界（幽界）に向かう人と、光に向かう人に分かれます。

「魂」の目的はより高い次元の存在となることですから、上の方の「光の世界」五次元以上の世界を目指して飛んで行きますが、「光の世界」の中に入って行くことのできる「魂」は非常にまれです。

ほとんどの「魂」は、「光の世界」の入り口から四次元世界（霊界）に戻って来ます。「お父さんは、天国に行ったんだね。天国で見守っててね」などとよく言いますけれども、「天国」に行ったお父さんはほとんどいません。「天国」とは、地球のために、他人を幸せにするために一生懸命努力していた人や愛にあふれた「魂」の行く所なのです。自分と自分の家族のためだけに頑張った「魂」では、「天国」には入れません。

●三次元に戻ってきてしまう人・迷う人

輪廻転生で、また三次元世界に戻って来てしまう理由は、物質世界の価値に対する「執着」が大きいからです。「お金」や「地位」や「物」に対する「執着」が、上の次元に進むことを阻みます。特に多くの人が「死にたくない」という「生」への執着が強いようです。物質世界に対して、あまりに執着が強いと、転生で三次元に戻って来るだけではなく、死んで肉体が無くなっているのにこの世にとどまり、人や屋敷に取りついて迷い苦しんでいる人もあります。

死後の世界等あるわけがないという人も同様です。死んでも意識があるわけですから自分が死んだことを受け入れられず、気付くまでこの世でさまよい続けます。

自殺は絶対にいけません。自殺する人は今が辛い、死んだら楽になる、死んだら何も無くなると思うから死ぬわけです。しかし肉体は無くなっても意識が残っているのですから、まだ死ねていないと思い込んでしまうのです。一番辛い状態で苦しんでいます。

私の知り合いの、お医者さんの娘さんが生まれつきの霊媒体質のようで、入れ代わりいろいろな霊が憑衣してしまい、大人の声で突然「～でござりまする」などと昔の言葉で話し出したりする子どもさんなのです。

あるとき、御嶽教という宗教の修験者の方がこの子を見て、十二単（じゅうにひとえ）を着ている女が取り憑いているのが見えたということです。聞いてみると九州に旅行に行って、途中、下関の赤間神宮に行ったばかりだそうです。どうも平家の怨霊をもらって来てしまったようでした。

とらわれのない、あっけらかんとした「魂」であれば、源平合戦に参加して死んだとしても、もうそれから何度も転生を繰り返していろいろな人生を楽しんでいるところでしょう。もしかしたら皆さんも源平合戦に参加していたかもしれません。

ところが「無念だ」とか、「死んでも死にきれない」とか強い「執念」や「執着」のために、八百年以上が過ぎてもいまだに十二単や鎧（よろい）を着てうろうろしている「魂」もあるということです。

こんな苦しいことはありません。残念ながら、こうした「魂」は目覚めるときまで苦しみ続けるより他ありません。

性格はその人の運命を変えていきますが、死んでからもそうだということです。失敗したことをいつまでも後悔する人がいますが、反省は必要ですが、後悔は意味がありません。失敗しても「まあいいか、こんどがんばろう」という人は死んでからも迷いにくいのです。

●「我」と「執着」を取り去れば楽になる

「魂」とは、もともとは小さくて軽く明るく光り輝いている高次元の存在です。すべての存在は最初は光そのもの、神そのものだったのです。

ところが、この「魂」は物質世界における生活を続けていく中で、いろいろな「垢（あか）」をつけていってしまいます。この「垢」が「我」や「執着」です。「垢」という荷物を抱えれば抱えるほど、重たくなって上に昇れません。

「我」や「執着」を手放せばとても生きることが簡単なのに、多くの「魂」にはそれができません。人生におけるすべての苦しみの源、そして輪廻転生を強いる力となっているのは「我」と「執着」です。

この「我」と「執着」を取り去る舞台が三次元です。四次元の世界から、決意を新たにし、課題を決めて、三次元世界へと再び旅立ちます。自分を向上させるためには、同じような存在が集まっている他の次元ではなく、三次元世界の地球のような場所でいろいろな存在と出会いながら生きていくことが一番の学びになるのです。

しかし、すべての記憶を消して生まれた三次元世界で、自分が決めた課題を果たすのは至難の業でもあります。このことの繰り返し、三次元と四次元との間の「魂」の行きつ戻りつが輪廻転生です。ということは、輪廻転生を続けている「魂」のレベルというのは、あまり高いものではありません。私たちは、より高いレベルの「魂」になるために生まれてきているのです。

私たちは生まれてくるときに、自分の人生をプログラムして、解決すべき課題を用意して生まれてくるといわれています。

ところが、テレビで紹介されている人などを見ると、とんでもない不幸続きの人生というのもあるのだなと思い知らされることがあります。

このような、とことん不運な不幸続きの寂しい人生というのも、果たして当人がプログラムしていたものなのでしょうか。

答えは、その通りです。これが「カルマ」とその解消ということなのです。

「カルマ」とは「業（ごう）」とも言います。よくあの人は業が深いとかいう使われ方をします。とことん不幸に見える人生というものがあるとすれば、それは「カルマ」の解消を意図した人生だということです。

人を騙したならば、次の人生で今度は騙されることを経験する、あるいは人を傷つけたことがあるならば、次の人生で相手の気持ちがわかるような経験をしてバランスを取るということです。

人生を率直に受け入れると、このことによって前世に生じた罪も消えていきます。そしてプラスに受け取るようになると運命も変わってくるのです。だから、すべてに対する感謝、すべてを受け入れるということが大切になるのです。

ところが、このときに相手を恨んだり憎んだり仕返しをしたりしていると、今生で再び「カルマ」を生んでしまい、生まれるときに計画していた「カルマ」の解消が果たせなくなってしまいます。

そうすると悪因縁になります。殴ったり殴られたりを繰り返して、お互いに罪が消えるということがありません。聖書に「憎しみは憎しみしか生み出さない」と書かれている通りです。

前世の罪や、その家の罪を、苦しむことによって「カルマ」を解消する方法もありますが、もっと楽な解消法があります。

それは「徳」を積む、善業を積むことです。マイナス点を積み重ね、次の人生で解消しているのなら、プラス点を積むことで帳消しにする方法です。それによって大難が中難・小難に、小難が無難に変わっていきます。人を幸せにすること、前向きに生きることで、自分の運命も良い方向に向かい始める、それが一番良い解消法です。

感謝して受け入れることで罪を消していく。これは、病気に対する対処の仕方と一緒です。感謝して受け入れたときから消え始めるのです。こうした課題、宿題をこなしていくことによって、「魂」は磨かれて上へ上がっていかれるのです。

「光の世界」に既に達した「魂」というのは、肉体を持つということをしたがりません。不便や苦痛の多い肉体を持つという人生を選ばないので、三次元に降りてくるということは滅多に起こりません。

人類を教え導くというような、特別な使命を帯びている場合には、まれに「光の世界」から転生してくることもあります。その際も、誕生の際にすべての記憶を消してくるので、はじめは自分の使命になかなか気づかないということもあります。

今は、地球の大転換期であるということで、地球を救うために、大勢の「魂」が「光の世界」から転生してきて活動しています。

●人生の課題に目覚めるチャンス

前世の記憶を消して生まれてこなければならないというのは、人生の課題を見失うことにもなり、効率が悪いように感じられる人もいるかもしれませんが、前世で犯した罪や苦しめた人などを覚えていると、こんなやりにくいことはありません。無心に人生に取り組むということができません。従って、記憶を無くして生まれてくるこのシステムが最も効率的なのです。

しかしそのために、人生は素晴らしい学びのチャンスと悪い方に進んでいく危険とが、背中合わせになっています。誰でも、ある瞬間に一歩間違えば悪人になってしまってもおかしくないという存在なのです。

人生には必ず何度かの大きなチャンスが用意されています、自分の人生の課題を思い出し、取り組んで、克服していくためのチャンスです。

それは、人との出会いであったり、あるいは、本や映画かもしれません。大きな気付きを与えてくれる何かです。人生の中の大きな障害や大きな病気をプラスにとらえ人生を変える人もいます。

私が中学生のときに観た『ブラザー・サン・シスター・ムーン』という映画は私に強い影響を与えました。

オリビア・ハッセーとレナード・ホワイティングの『ロミオとジュリエット』の監督フランコ・ゼフィレッツリがその次に撮った作品で、アッシジの聖フランチェスコの生涯を美しく描いた伝記映画でした。

自然の中に生きることが本当のしあわせではないかとフランチェスコという青年は考え、裕福な家の生まれだったにもかかわらず、持てるものをすべて捨てて乞食としての旅に出ます。

荒野の中に荒れ果てた教会があるのを見つけ、自分で少しずつ石を積み上げて教会を建て直し始めます。はじめは嘲笑していた周囲の人の中にも、だんだん協力する人が現れて、雪の中で大勢での石積みが始まります。そして教会は出来上がりました。

この教会には貧しい人が礼拝にたくさんやってきました。きらびやかな権威ある教会には礼拝する人が集まらず、権威ある教会は怒り、フランチェスコの教会を迫害し、ついには破壊してしまいます。

フランチェスコは自分のどこが間違っていたか知るために、みすぼらしい身なりのままローマ法王のもとを訪ねる旅に出るのですが……。

この映画の中には、この本のテーマである本当の幸せとはなんだろう、という問いに対する一つの答えがあるように感じます。私はフランチェスコが神に祈っていた祈りの内容が好きなので紹介したいと思います。

フランチェスコの祈り
私を貴方の平和の道具としてお使い下さい。
憎しみのあるところに愛を、いさかいのあるところにゆるしを、
分裂のあるところに一致を、疑惑のあるところに信仰を、
誤っているところに真理を、絶望のあるところに希望を、
闇に光を、悲しみのあるところに喜びをもたらすものとして下さい。

慰められるよりは慰めることを、理解されるよりは理解することを、
愛されるよりは愛することを私が求めますように、
わたしたちは与えるから受け、ゆるすからゆるされ、
自分を捨てて死に、永遠のいのちをいただくのですから

マザー・テレサが亡くなられた後に、彼女の生涯を描いたテレビドラマを見ました。少女の頃、与えられた一冊の絵本が、彼女を神の道に進ませるきっかけを作りました。その絵本が「アッシジの聖フランチェスコ」の生涯を描いたものだったのです。さらに彼女が「フランチェスコの祈り」をいつも祈っていたと聞いて驚きました。ビデオなどでこの映画に接する機会があれば、ご覧下さい。

私は西郷隆盛、高杉晋作、坂本龍馬……己を捨て国のために生きた維新の志士たちの生き方、イエス様やお釈迦様の教え、歴史から消された超人出口王仁三郎《でぐちおにさぶろう》氏のスケールの大きな生涯、戦後、大多数の人が農薬、医学（薬）信仰に染まっていった時代に宗教家でありながら、化学物質の害を説いた自然農法、エネルギー医療の先駆者岡

田茂吉氏、非難や迫害を受けながら農薬の恐ろしさを訴えた『沈黙の春』の著者レイチェル・カーソン女史……等、多くの人の生きざまに影響をうけました。人なのか、本なのか、映画なのかわかりませんが、出会って自分が変わっていくチャンスというものをぜひ見逃さないで、無事に人生の課題を克服していってほしいと思います。

●今、ゴールは目前

輪廻転生を考える際に、現在の人口爆発をどう理解したらよいかわからないという人もいます。確かに、生まれ変わりを繰り返しているとすれば、人口が増大すると魂が足りなくなるような気がするかもしれません。

しかし、宇宙全体にはさまざまなレベルの「意識体」が満ちています。通常は同じようなレベルの「意識体」が集まっています。しかし、地球は、いろいろなレベルの「意識体」が肉体を持って、苦しみや悲しみや悩みや喜びを繰り返しながら、皆が成長を目指している、宇宙の中でも珍しい場所です。地球に何度も転生してきた人もいれば初めての人もいます。

地球ほどいろいろなレベルの魂がごちゃ混ぜに住んでいる星は、他にありません。地球は今新たな成長段階を迎えています。五次元レベルの星に向上するのです。

これから、地球における輪廻転生の最終局面が訪れます。私たちはここまで幾度となく輪廻転生を繰り返し、男になったり女になったり辛い目にあったり悲しい目にあったりしながら、私たちなりの学びを続けてきました。

しかし、いずれの「魂」も、今回が最終ランナーです。ゴールは目前なのです。

輪廻転生を無数に重ねた「魂」もあれば、輪廻転生のサイクルに入って間もない「魂」もあります。今たくさんの「魂」が最後のチャンスを求めて地球に殺到しています。今までなら生まれてこられなかった「魂」までが、最後の希望にすがって、成長を誓って出てきています。

もうすぐ、仏教でいうところの「地獄の釜のフタが閉じ」ます。地球に転生することによって成長して上の次元に上がるという、そういうサイクルは終わりを告げます。

従って、地獄界に近い「魂」で転生の可能なものはすべてこの世に殺到しているので、数的に見れば今の人間の「魂」のレベルは下がっているということになります。しかし、バラエティーに富んだ存在がひしめいているという点でも今まで以上です。

つまり、今まで繰り返してきた人生が無駄になるかどうかが、私たちの生き方にかかっているのです。地球が五次元の星になるということは、低いレベルの人たちはついて行かれないということです。ここでまた、自分だけ良ければいいという生き方をしてしまうことは絶対にできません。

逆に言えば、ここで、この人生を自分のためだけに生きてしまってては本当にもったいないと思います。

思いやりのある優しい生き方、人に喜ばれる生き方をしましょう。

今まで私たちは姿を変えながら何度もこの世界に生まれてきました。十回の人もいれば千回目の人もいます。しかしあなたがアンカーなのです。今回が最後のチャンスなのです。

●高い所から見ると、見えなかったものが見えてくる

私たちは、「魂」を向上させるため、愛を学ぶために生まれてきています。同じ高さにいると腹の立つことも、高い所から見れば腹も立ちません。この野郎が、と腹を立てているうちは、この野郎と同じレベルにいるということです。格が違えば、ポジションが違えばケンカにはなりません。

ある巨大な宗教団体が、ある写真雑誌に中傷されたということで、その版元の出版社と大ゲンカをしていました。悪口を書かれたということで、信者が揃ってその出版社にファックスを送り続けて業務を妨害したりなど、前例のない騒ぎとなりました。

この宗教団体はブッダの生まれかわりという人が教祖で、イエスやマホメットや坂本龍馬や出口王仁三郎など、様々な偉大な霊が自分たちをサポートしていると主張しているところです。この騒ぎを見聞きして、多くの人はどう思ったでしょうか。

その写真雑誌も、常々芸能人のプライバシーを盗み撮りするレベルの雑誌です。そ

んなところと本気になってケンカしているということは自分たちで、同じレベルですよ、と言っているのと同じことのような気がします。

もし、お釈迦様が人に悪口を言われてカンカンになって怒っていたらどうでしょうか。これではもうお釈迦様ではありません。イエス様は十字架を担いで歩いているときに沿道の人に石をぶつけられました。このときイエス様が石を拾って投げ返していたらどうでしょう。おかしいと思うでしょう。これではもうイエス様ではなくなってしまいます。

つまりレベルが高ければケンカにならないはずなのです。会社や学校や地域や家庭で嫌なことと辛いことがあっても、高い所や広い所から見ると、それはちっぽけな悩みと感じることができるでしょう。

実際に大自然の中、大草原や高い山の上などに行ってみると、自分の存在の小ささを肌身に実感することができると思います。あるいはもっと高く、宇宙船などで地球の姿を見てしまったりすると、価値観までもが変わってしまうといいます。宇宙飛行士や臨死体験者がそうです。外から見ると、地球が一つの生命体であるということが実感できるということです。

私たちの体も六〇兆という細胞レベルの生命の集まりであり、そこにはたくさんの微生物も共生しています。心臓が肝臓より偉かったり、頭の細胞が足の細胞より偉かったりすることはありません。みんな役目を持ち、それを果たしています。

すべての存在がつながっている、一つだということです。

高い所から見るということは視野が広がるということです。今まで見えなかったもの、よりたくさんのものが見えてきます。

高い所に行けば行くほど、自分というものが小さくなります。「自我」「エゴ」が小さくなります。このことによって、生きることがとても楽になります。人の目を気にしたりすることもなくなります。

実際、自分が思うほど人に見られているわけではありません。思うほど誰も見ていません。こんなことをしたらどう思われるだろうかなどということに心を悩ませることはありません。

そんなことよりも、心を開放して、自分が本当に望んでいる生き方をした方がどれほど生きやすいかということです。もちろん、人に迷惑をかけないということも大切です。

自分が楽に生きられるようになり、幸せになって、そして他人も幸せにしてあげられるというのが最高の人生です。

●高次元の存在のサポートが始まる

世の中を「愛」に溢れた素晴らしい世界にするために役に立つと思えば、高次元の存在は力を貸してくれるでしょう。たとえば、イエス様は生まれ変わって肉体を持つよりも、光の存在として向こうの世界からたくさんの人を動かした方が、世の中を変えていかれる、たくさんの人を救えると考えています。肉体が無ければ同時に何カ所でも降りることも可能です。

今、世界中でたくさんの人がイエス様のサポートの中で活動しています。お釈迦様も、空海さんも同様に、今たくさんの人を動かしながら、たくさんの人を救おうと頑張っています。この人に力を貸せばたくさんの人が幸せになると思えば、高次元の存在のサポートが始まります。でも、そのことを驕った瞬間に、そうした存在は離れていきます。

これはサポートを受ける立場から言えば、高次元の存在が指導霊としてついてくれたということになります。指導霊というのは意識が高まったり、常識が目指すものが変わったりすると、それに応じて次々と入れ替わっていきます。愛のレベルが高まれば、より高次元の、より強力な指導霊のサポートが始まるということです。

この指導霊とは別に、「分霊」「分け御霊（わけみたま）」というものがあります。これは高次元の「魂」のまるごと全体が転生するのではなく、アメーバの端が千切れるように、「魂」の一部分がある人物として転生してくることを言います。高次元の「光の世界」の存在は、数多くの「分霊」を一度に物質次元に送るということができます。行基さんや空海さん、役行者《えんのぎょうじゃ》さんは国常立尊《くにとこたちのみこと》という高次元の神様の分霊です。

●幸せにするものが幸せになれる

地球を愛に溢れたしあわせの星とするために、高次元の存在は様々な形で物質次元をサポートし続けているということです。その意味では、今、高次元の存在は役に立つ人材を探しています。この人に力を貸せばたくさんの人が幸せになると思えば、神様は必ず力を貸します。これは、将棋やチェスのようなものです。

低次元の存在も地球の大転換期に向けて、少しでも多くの人の足を引っ張ろうとし、いろいろな人を使おうとしています。高次元の存在との間で人の取り合い、色分けがされています。そして、それぞれに将棋でいうところの「歩」もいれば「金」もいます。「飛車」も「王将」もいます。

みなさんも神様にスカウトされるような人になって下さい。神様のサポートを受けられる人になって下さい。

人を幸せにしていれば、自分も絶対に幸せになるというのが、宇宙の絶対法則です。

幸せになっていないとすれば、それは幸せになりたいと思い過ぎているからです。

愛をうちに向けていたなら、絶対に人から愛は受けられません。自分さえよければいいという人を、誰も素敵だとは思いません。困っていても助けようとは思いません。でも、外に愛を向けていれば、その人が困っているときには、助けを呼ぶ前に周りの人が勝手に助けてくれます。自分への強い愛を外に向ければよいのです。

人を幸せにすることで自分が幸せになるんだということに気付くかどうか。この違いは計り知れません。気付いていなかったからこそ、肉体を持ってこの世に転生してきているのです。もう、死んでから「しまった!!」と思わなくても済むように、宿題を思い出してそれに全力で取り組んで下さい。

自分の幸せを目指すだけでなく、たくさんの人々の幸せを目指し、たくさんの人々やこの地球を救うために今回の人生があるのだとしたら、こんな素晴らしいことはありません。

そして、この生活の中には、自分自身の本当の幸せも実現します。高次元の存在のサポートを、毎日の生活の様々な場面で感じられるようになるでしょう。素晴らしい仲間とのつながりが次々と生まれ、信じ合う喜びを噛み締めることができるでしょう。

この素晴らしい日々への扉は、すぐ目の前に開かれています。一人でも多くの人がこの扉をくぐり、新しい地球を生み出す力となってもらいたいと思います。

第4章

癒しと滅びの時代に向かって

●離れている人の細胞を自由に動かせる

ヒーリングとは「癒す」ということです。すでに、多くの人にとってもなじみ深い言葉となってきました。ヒーリングミュージックや、様々なヒーリンググッズなど、ヒーリングという言葉を至るところで耳にするようになりました。人をホッとさせるような包みこむタイプのタレントさんは「癒し系」と呼ばれています。「癒し」という現象が今後ますます注目されることと思います。

私は「環境講演」では環境や生き方の話、「癒しのセミナー」や「心セミナー」では健康や精神世界の話などをさせていただいています。

環境講演以外の講演では、会場などに高次元のエネルギーを降ろして、会場にいる人すべてを同時にヒーリングするということを頻繁に行っています。これは高次元の光を体に通すことによって、秘められた感覚を呼び覚まし高次元からのメッセージを受けられるようにしたり、新しい時代にふさわしい感受性を目覚めさせるというような、意識改革への助けにすることを主眼にしています。体調も変わりますが、それが目的ではありません。

しかし、個人的に体の不調をなんとか治してくれないかという依頼を全国から受けるようになり、私も時間の都合のつく限り、その求めに応えています。

本人に会って面接ヒーリングするのが一番効果が上がるのですが、名前と症状を電話で聞いただけで、本人に一度も会ったこともなく顔も知らないという状態で、遠隔地の依頼者のヒーリングをすることもあります。それでも確実に効果は出ています。

「癒す人」のことをヒーラーといいます。私は二十代の頃からヒーラーとしての自覚を持つようになりました。

私のそばにいるだけで悪い所が癒されたり、「頭が痛い」と言っている人に、私が「この人の頭痛が治ったらいいな！」と考えたら痛みが無くなったりということが続きました。それで、これは私の意識の力だと気付きました。私は、頭で想像しただけで、離れている人の細胞を自由に動かすことができます。細胞を修復することも破壊することもできるのです（もちろん破壊はしません）。

日本中でたくさんの病気の人を癒してきました。私がエネルギーを送ると、運動能力が上がり、握力や背筋力や前屈などの測定値も向上します。これはもともと人間に備わっていた能力です。少なくとも、みなさんは自分自身に対してこのことを行っています。

●思いがガンを作る

このヒーリングに際して私がしていることと言えば、頭で考えることだけです。しかし、この考えること、すなわち「思い」が距離を乗り越えて作用し、離れた人の細胞をも自由に動かしてしまうのです。まず「思い」と「肉体」とのつながりについて考えてみたいと思います。

私は、自分自身の血液や細胞をコントロールすることができます。それを聞いてすごいと思う人もいるかもしれませんが、これはすごいことではありません。みなさんも普段それを行っています。

たとえば「思い」ひとつで血液は一瞬にして変わります。「はらわたが煮えくりかえる」という言葉がありますが、ものすごく腹の立ったときにカーッと頭に血が上ります。ドッキンドッキンと脈打って血液の流れが速くなります。あるいは車にぶつかりそうになったり、何処かから落っこちそうになったとき、そういうときにはヒヤッとしてサーッと血の気が引きます。

怒りや恐怖が血液や細胞に影響を与えてしまうのです。それらを引き起こすのは、ただ「思い」です。

「思い」だけで、一瞬にして血液の流れが変わってしまうということなのです。実際に体が衝撃を受けたわけではありません。ただ見たことや聞いたことによって生じる「思い」が、体の細胞を変化させるのです。

大人になると、ガンになりそうな細胞は毎日体の中に生まれていると言われています。ガンになりそうな細胞は毎日生まれていますが、毎日消えているわけです。「免疫」がガン細胞を消してくれているのです。ガン細胞の勢いに対抗できる「免疫力」が働いている限りは大丈夫です。

この頼みの綱の「免疫力」はどんなときに向上するのでしょうか。それは医学的にも大笑いしたり、リラックスしたり、喜んだり、優しい気持ちになったりしたときに向上するということはわかっています。

その反対に、怒ったり、憎んだり、心配したり、不安になったりしていると、これらのマイナスの思いによって「免疫力」はどんどん低下していくのです。

ですから、病気になりたければ、ずっと心配をしていればいいということなのです。お父さんとお母さんはガンになったけど、そろそろ私もガンになるのではないかとか、ここがちょっと固くなってきたような気がするなどと思っていたら、その「思い」はどんどん免疫力を下げていきますから、ガンになっていきます。

つまり従来の常識とは逆ですけれども、ガンになりたい人は次の三つを守って生活して下さいと、私はいつも言っています。

その①は、まずガン保険に入って下さい。その②に、CT検査を受け、放射線を被曝して下さい。その③に、ガンになったらどうしようと心配して下さい、ということです。

この三拍子が揃うと、だいたいガンになれます。そして、ガンになったらみなさんがどう言うかといいますと、みなさんは喜ぶのです。良かった、ガン検診を受けていたから見つかったんだって。あるいは、ガン保険に入っていて良かったたって。

そうではありません。そのガンはあなたが作ったのですよ、ということです。「思い」でガンは作れるということです。

ガン専門医の先生がよくガンにかかるのもそのせいです。いつも意識をしているとガンを作ってしまいます。

ということは逆に、「思い」でガンは治せるということなのです。

以前、テレビの「ガン治療最前線」の番組のプロデューサーが、ガンが治った人五〇人を取材して追跡調査したところ、九〇パーセント以上の人が「価値観（＝思い）が変わった」と言っています。

病気になったらどうしようと、病気を意識している人は病気になります。だから、いくら健康食品をとっていても病気になります。健康食品を一生懸命とっている人というのは、逆に、非常に病気を意識している人が多いということです。

年をとると病気自慢というのをしたがりますが、それも、「免疫力」の観点からは非常に良くないことだと言えます。

●「忘れる・あきらめる・尽くす・感謝する」が特効薬

倉敷に篠原佳年先生という生きがい療法をされておられる有名なお医者さんがおられるのですが、この方が「忘れる・あきらめる・人のために尽くす」というのがガンの特効薬だということを言っておられるそうです。

神奈川に、娘さんや息子さんとも仲の良い、明るくて優しいおばあちゃんがいらっしゃいます。このおばあちゃんがお話ししてくれた体験談です。

あるとき、体調がすぐれないので病院に行って検査をしてもらったら、もう末期のガンで手術もできないと言われました。それで、とりあえずすぐに入院ということになりました。

病院のベッドでおばあちゃんが横になっていますと、枕元で家族がどういう順番でおばあちゃんに付き添うか相談を始めたそうです。何曜日は長男が来て、何曜日は次男が来て、ということをみんなで決めていました。それを聞いておばあちゃんは「ああ、自分がずっとこのまま寝たきりで入院していたら、家族のみんなに迷惑をかけるなあ、寝たきりで何年も生きたら自分もつらいなあ」と思って「早くおじいちゃん、迎えにきてくれないかな」と考えたそうです。

十分楽しく生きたからもういいやと思い、早く死ぬために、お医者さんが出してくれた抗ガン剤を、飲んだふりをして捨てていたそうです。そうしたら治ってしまいましたと、今はお元気なおばあちゃんが話してくれました。

これと同じような話ですが、私の講演を聞きにきてくれる、とても仲が良い七〇歳近いご夫婦がいらっしゃいます。本当にお互いに寄り添っている感じの、日本人には珍しいご夫婦で、まるで新婚さんのような雰囲気でした。

この奥さんは、一五年くらい前までは、本当に旦那さんのことを、うだつの上がらない、なんてつまらない人なのだろうと思っていたそうです。出世しない、友だちがいない、趣味がない、いつも仕事から帰ってきたらゴロゴロと家でテレビを見るだけ、休みの日にもどこにも連れて行ってくれない等々、不満はいっぱいあったと言っていました。本当に面白くない人だなと思っていたそうです。

ところが一五年くらい前に、奥さんが肝臓にも転移している大腸ガンであることがわかりました。手術はもう無理で、あと半年くらいしか生きられないだろうと言われました。

それを聞いた旦那さんが、それから毎日、会社が終わったら飛んで帰ってきたのだそうです。急いで帰宅して炊事や家事に取り組んで、一生懸命奥さんの世話をやきました。まるで別人になり、本当に違う人が帰ってきたのかと思ったくらいでした。奥さんがもうそんなに気を使わなくていいと言っても、一生懸命尽くしてくれるそうです。

それを見て奥さんはびっくりしてしまって、この人ってこんな優しいところがあったんだ、もし自分が重い病気にかからなかったら、一生この人をつまらない人だと思い、この人の優しさに気付かなかっただろうと、素直に病気に感謝できたのだということです。そしたらガンが消えたんですよ、と奥さんはおっしゃっていました。

ですから、先ほどの、「忘れる・あきらめる・人のために尽くす」ということにプラスして、一番いいのは「感謝する」ということではないかと私は思います。受け入れるということです。「ガンと闘います」と言った人がいましたが、闘いというのは怒りであり憎しみです。これは結局「免疫力」を落としてしまいます。

●相手を癒すエネルギー、相手を呪うエネルギー

みなさんはここまでの話で、自分で自分の細胞をコントロールできるということは理解できたでしょうか。私が特別なのではありません。みなさんもやっています。そして、この「思い」というものは自分自身に対して働くのと同じように、自分以外の相手にもそれは届くのです。しかも、遠く離れていたとしても、その働きは距離の影響を受けません。

相手を癒す、相手の幸せを願うエネルギーは「思い」として相手に届き作用します。しかし、相手を憎む、呪いのエネルギーも同じ「思い」である限り、相手に届いて同じように作用します。わら人形を打てば、相手に届くということです。

しかし、昔の人は「人を呪わば穴二つ」と言いました。呪いは、呪った人に倍になって返って来るということです。これは文字通り相手からはね返ってくるというのではなく、「思い」はまず自分自身に作用するのだということです。

こちらから一〇〇出したエネルギーが、相手に一〇作用するか三〇作用するか五〇作用するかはこちらの力量によって様々でしょう。しかし、ただひとつ確実なことは、自分が出力した一〇〇のエネルギーは間違いなく自分自身には一〇〇作用するということです。これが「穴二つ」の意味です。何倍にもなって返ってくるということです。

ということは、喜びや愛をたくさんの人に与えている人は、相手と同時に本人の「免疫力」もどんどん向上しているということなのです。

逆に、憎しみや怒りを送っている人は、相手を傷付け、同時に自分自身の「免疫力」も低下させているのです。相手の幸せを願った方がどれだけ得かということです。

●食べ物が形成する心

日本食と呼ばれる日本にもともとある食べ物は、非常に高いエネルギーを持っているものが多いのです。私たちは、食べ物から栄養を摂取していると同時にエネルギーをも摂取しています。食べ物として栄養は大切ですが、それと同じく重要なのがエネルギー（カロリーのことではありません）、すなわち「気」です。

ところが、化学肥料や農薬、化学物質で、食べ物のエネルギーは低下してきています。たとえば、お米を食べると勇気がわき、野菜を食べると仁の心が養われます。しかし、電子レンジで「チン」すると栄養は残っていてもエネルギーはゼロになります。ですから単なる物質を食べているということになります。

野菜を煮炊きしても野菜のエネルギーは変わりません。でも、野菜をレンジで「チン」したものは、これはエネルギーが失われてしまった野菜の死体だといえます。

そして、みなさんによく認識しておいてもらいたいのは、食べ物というのは人間の心さえも形成していくということです。

たとえば、牛や馬や羊やキリンやコアラやロバを思い浮かべて下さい。丸いかわいい目をしています。そして、ヒョウやオオカミやライオンやワニやトラを思い浮かべて下さい。鋭い恐ろしい目をしています。

前者は草食動物といわれる植物を食べている動物たちです。後者は肉食動物といわれる肉を食べている動物たちです。ライオンが鹿の親子を追いかけていて、子鹿が逃げ遅れたとき、ライオンがもし優しい気持ちになって、「可哀想だな」と思っていたらライオンは生きていけません。

肉食動物というのは、相手を殺して生きている動物です。何かを殺さないと生きていかれない動物です。そのために、どう猛にならなくてはいけません。攻撃性が増さなくてはいけないのです。ですから、肉でついたエネルギーは攻撃的な性格を形成します。

今の子供たちは肉食動物です。私たちが子どもの頃は、肉は一応ご馳走でした。好きでしたけれども、そんなに食べてはいませんでした。ところが今は毎日のように肉を食べています。それで心がおかしくならないわけはありません。

動物が何を食べたら良いかは、その歯を見ればわかります。肉食動物は相手を殺し肉をひきちぎって食べるため、歯は全部牙です。

人間の歯は四番目から奥を臼歯（奥歯）といいます。前の四本を門歯（前歯）といいます。そしてとんがっている牙のような歯、これを犬歯（糸切り歯）といいます。臼歯が六割です。臼歯は穀物を食べるためにあります。門歯は三割でウサギのように野菜を食べるためにあります。犬歯は一割で魚や肉を食べるためにあります。

ということは、人間の食事のバランスとしては、六割が穀物、三割が野菜、一割が魚や肉とするのが良いということです。このバランスを崩したときに、腸の中に腐敗菌が広がります。そしてそれがいろいろな毒物や活性酸素を生み出していきます。

魚や肉が一割を超えると、便が臭くなってきます。そして肉をたくさん食べると血液が汚れてきます。肉食が増えるとガンが非常に増えてきます。牛乳や肉をとることによって、腸の中が汚れていきます。そしてキレやすい、暴力的、我慢ができない性格になっていくのです。

今、魚市場では大量の奇形魚が取引され、ほとんどのスーパーで特価品の切り身などとして売られています。魚や肉は安い物を数多くではなく、高くても、本物、いい物を時々食べるようにすればよいと思います。

百円の物を十回食べるお金で、千円の物を一回食べる。昔はご馳走を食べる喜びがありました。今の子はいつでも好きな物を食べることができ、食べ物への感謝、感激を知りません。安全な本物をたまに食べる。それは心にも体にも良いことです。

●病気は誤った食事から

桜沢如一氏の創唱したマクロビオティック（玄米菜食生活法）によって、アメリカでは多くの人のガンが治り評判になっているそうです。

今、欧米では健康を考える人達の間で玄米菜食を中心とした日本食が大きな注目を集めています。ガンにならない理想的な食事として大ブームのようです。ところが日本ではますます食の欧米化が進んでいるように見えます。

新谷教授は肉食中心のアメリカ人の腸を最初に見たときに驚かれたそうです。彼らの腸は固くて短く、粘膜ひだが多発し、宿便の残存の多い汚い腸だったそうです。菜食中心の日本人の腸はきれいでした。ところが食生活の変化にともない今ではアメリカ人の腸とよく似てきたそうです。

日本は戦後、アメリカに押し付けられた間違いだらけの栄養学によって、世界でもっとも素晴らしい食文化を破壊してきました。「栄養が足りない、もっと食べなさい、一日三十品目食べなさい等々……」

今や国民病といわれる糖尿病をはじめ、多くの成人病は食べすぎが原因です。やまいだれ（疒）に品ものの山と書いて癌《がん》という字になるように食べすぎると病気になるのです。

本気で病気を治そうと、がんばっておられるお医者さんは、食事の指示をしっかりなさいます。食事を変えれば多くの病気が治るはずです。食事を無視して健康な体を作ろうとしてもそれは無理な話です。

欧米では食事療法で病気を治していく、という考え方は、だんだん大きな流れになってきています。日本でも早く医学部で病気にならない食事、治す食事を勉強するようになってほしいと思います。

新谷教授は肉食中心の動物性蛋白質・脂肪のとりすぎの害を、「すい臓の弱い人は糖尿病に、腎臓の弱い人は痛風になって現れる。心臓病や動脈硬化になる人もいる。結局、病気とは弱いところに日頃のつけが回り、障害となって現れたものなのです。正しい食事法はすべての病気を根本から予防し治すことになるのです」と述べられています。

長年治らなかった病気や、医学的に原因のわからない難病も食事療法によって治ったり、症状が軽くなったりしています。腸がきれいになれば血液がきれいになり、リュウマチなどの難病も軽くなっていきます。

岐阜大学教授、千島喜久男博士（一八九九～一九七八年）は血液は腸で造られるという説を発表しました。現代医学では赤血球は骨髄でつくられるというのが定説です。ところが千島博士は、食べものの消化物が腸の絨《じゅう》毛に附着し、それが腸粘膜に吸収される過程で、アメーバに近い姿に移行し、やがて赤血球に成熟し、それが血管に流れ込むのを色々な動物実験で確認したのです。そして腸管造血説を発表しました。いつの時代もその時の常識と違うことを唱えるとなかなか理解されません。

千島学説も異端とされ排斥されてきました。

しかし、東洋医学の先生や、食事療法で病気を治している先生の間で、どうも千島学説の方が正しいのではないかという声があがり始めています。

私は医学のことはわかりませんが、たまねぎや、ラッキョウを食べたら血液がサラサラになるとか、干しいたけのもどし汁を飲んだら血がきれいになる等の結果を見ると、食べ物が腸で血液に変わるという説の方が納得できるような気がします。

千島学説に関しては、『よみがえる千島学説』（忰山紀一著、一九九八年復刻（株）なずなワールド）にわかりやすく解説されています。特に医療にたずさわる方には一度読んでみていただきたい本です。

腸をきれいにするために断食等で宿便をとると、本当に体調が全く違ってくるようです。断食療法でガンを治した人もたくさんいます。もちろん専門家の指導をきちんと受けてすることが重要です。

私は一度も断食の経験がありません。私のように我慢するのが苦手な人には月に一度のごぼうによる腸の掃除をおすすめします。

みなさんは月に何日お休みがあるでしょうか？　もし来月は一日も休まずに仕事をするように言われたらどう思うでしょうか？　一日くらい休ませてほしいと思うでしょう。

みなさんは生まれてから今まで胃や腸を休ませてあげたことが一日でもありますか？　大多数の人が一日も休まず働かせ続けています。月に一度くらいお休みをあげたら、胃や腸も次の日からまた元気に仕事ができると思いませんか。

そしてその時、泥のついたごぼう（なるべく無農薬のもの）を買ってきて、洗い、皮つきのまますりおろして、そのしぼり汁を盃一杯ずつ三〇分～一時間おきに飲みます。半日もすればかなり腸がきれいになります。

自然療法の東城百合子先生が、このごぼう療法で盲腸も治ると言われていたので試してみました。

知人が激しい腹痛で国立病院に行ったところ「虫垂炎」と診断され、お医者さんに手術で切除するしかないと言われました。

盲腸と扁桃腺は無用の器官と思われていますが、体に必要の無い物が作ってあるはずがありません。盲腸は下半身の悪い気を放出するところであり、上は扁桃腺がそれを行っています。したがってそれを切除してしまえば悪い気がたまってしまい、病気になりやすくなります。

知り合いは切らないで治らないか聞いたところ、もう手遅れと言われました。それでも何とか切らないで治してほしいとたのむと、「切らないで治るんだったら医者はいらん」と怒られたそうです。

彼が私に連絡をくれたのでごぼう汁を飲むことを勧めました。翌々日に手術の予定だったのですが、三〇分おきに飲んでいたら七～八時間でその日のうちに治ってしまいました。お医者さんは首をかしげていたそうです。緊急の手術でない場合は手術までに時間があるのでぜひお試し下さい。それ以来この方法で多くの人が切らずに治っています。

●「月」と「太陽」の力、霊的食物

梅干しとラッキョウにも不思議な力があるようです。

梅干しは、三日三晩干してから漬けます。これは梅干しに「月」と「太陽」のエネルギーを集める意味があるので、月が出ていないと、三日間干してもだめだということです。ちゃんと月が出ているときに、月と太陽の力でパワーアップさせることが大事です。

これは塩も同じです。天日で乾かした塩でないと意味はありません。命を生み出したのは、梅と太陽です。生き物は海から生まれました。お母さんの羊水も海と成分が同じです。だから、海の塩を太陽で乾かすことにより、強力なエネルギーが湧くわけです。

塩は、実は神そのものなのだと言っている人もいます。そして神そのものだから、浄める力を持っているわけです。ですから、お浄めに化学精製塩をまいていても何の意味もありません。

生き物が生きていくときに一番大事なものは水です。そして次に塩なのです。塩分をとらないと生きていかれません。かつて塩の採れない地方では、塩と金とが同じくらい価値があったと言われています。

砂糖がなくても生きていけます。でも塩は違います。良い塩と良い水で、骨も丈夫になります。人間の体で骨を作るときにも塩は非常に大切で、塩分が不足すると良い骨ができません。

塩分が高血圧や生活習慣病を引起こす悪者のように言われていますが、塩化ナトリウムの化学精製塩が、体に悪い影響を及ぼすのです。

多種多様なミネラルが調和する自然塩は全く異なるもので、とり過ぎをそれほど心配する必要もありません。

「月」や「太陽」は人間の健康を大きな力で高めてくれる存在です。干すことによって栄養が何倍も上がる食品は数多くあります。

ラッキョウは不思議なパワーを発揮します。歴史小説の大家、吉川英治が「千年に一度の大物」と称賛し、日本史上最高の預言者、超能力者と言われる大本教の出口王《でぐちお》仁三郎《にさぶろう》師が説くところによると、神が日本人のために特に用意した食べ物がラッキョウで、朝鮮半島の人々にはニンニクを与えたそうです。

ですからニンニクは量をとりすぎるといけないそうで、日本人はラッキョウを常食しなさいと言われています。どちらもエネルギーの高い形、まが玉の形をした食べ物です。

ラッキョウは万病の妙薬で内臓一切の病気に効き、水がたまる病気にも非常に効果があります。

その上に、血液を清浄にし、循環を良くし、利尿剤や解熱剤としても有効で、副食物として親しんでいれば、あらゆる病気にいいようです。

常識をはるかに超えた霊的な食品がラッキョウなわけですが、師はラッキョウについて面白い忠告もしています。一個のビンは一人の専用として、他の人に食べさせてはいけないというのです。家族それぞれに専用のビンを用意して保存しなければならないのです。多人数で一個のビンから食べると「霊がこもらぬ」というのがその理由です。霊験あらたかとでもいいましょうか。

他にネギも生で味噌などをつけて食すると、肋膜炎や肺病などに特効があると言われています。ネギには殺菌剤、精力増進剤の働きがあり、風邪のときにもお粥などに生のまま刻み込むと良いといいます。

毒ガスにさらされても大丈夫な体を作るには、ラッキョウ、生ネギに、生大根、梅干しを食すれば良いそうです。毒ガスなんて今の時代、関係ないと思われるかもしれませんが、ダイオキシンは史上最悪の毒物・毒ガスなのです。

出口王仁三郎の医療や健康に関するアドバイスは「古道医学」と呼ばれているもので、古来から伝えられた民間伝承を基礎に、本人の霊的な知見を加えていったものです。今日の西洋医学では理解できない部分が含まれている反面、最新の研究成果でようやく知られるようになった事柄が先取りされていることも多くあります。

この「古道医学」を成立させている直感や霊感による知恵が、いまだに明らかにされていない宇宙や健康に関する真実を含んでいるということもあり得ると思います。

●出口王仁三郎が説く健康の心得

出口王仁三郎は「三白が三悪」と言っています。三つの白いもの、すなわち「白い米」「白い砂糖」「白いパン」が体に良くないということです。

白米については「米が白いと書いてカス（粕）と読む。私たちはカスを食べている」と言っています。

砂糖もとり過ぎると、血液中の糖分が上がり、心がキレやすくなったり、体がかゆくなってきたり、いろいろな病気の原因になります。最近のお医者さんでも、三つの悪いものとして「肉食」と「砂糖」と「牛乳」を上げている人がいます。

出口王仁三郎が活躍した時代は戦前戦中ですから、食事も今とは全く違いますが彼が言うには、白人は切ると傷口が広がってそこが致命傷になってしまうが、日本人は非常に体が強く、切っても傷口がすぐにふさがってしまうということです。これは、日本人が菜食であり、白人が肉食だからだということです。

この頃から広がってきていた毒ガス戦術についても「日本のように菜食主義の国にあっては、比較的その害は少ないのである。日本人の皮膚は肉食国の欧米人に比して、毒ガスに対する抵抗力は非常に強いのであるから、さほど恐るるには足らぬのである」「こうした非常時に際して、平常から菜食している人の強さを十分知ることができるであろう」と言っています。

しかし、これらの観点からすれば、肉食にどっぷりとつかってしまった現代の日本人はここで言われている欧米人と同じような存在になってしまっています。傷口は広がって致命傷を招き、毒ガスには抵抗力がなく、かつての日本人の強さを完全に失ってしまっているでしょう。

王仁三郎は再三、肉食の弊害を説き、菜食の徹底を勧めています。たとえば、「獣、鳥、魚などの肉は、いったん食物として消化されたものが肉となったものであるから、それを摂取してもあまり益はない。獣肉をたしなむと情欲が盛んになり、性格がどう猛になる。獣食をする人は、本当の慈悲の心は持たない。神に近づくときは肉食しては良くない。霊覚をさまたげるものである」

と書いています。

そして、旬に従うことの大切さをこう述べています。

「神様は季節季節に人体に必要なるものを出して下さる。春は人間の身体が柔らかくなってくるから、タケノコのような石灰分に富んだものを食べさすように、ちゃんと用意してあるのだ。ゆえに、人は、その季節相応のものを食べておれば、健康を保つことができるようになっているものである。

今のように、夏出るスイカを春ごろ食べてみたり、春出るべきタケノコを冬食べて珍味だと喜んでおるのはまちがっている。それだから、人間がだんだん弱くなってくるのである」

ということです。

戦争前後にも、現代と同様の光景が既に始まっていたようです。氏は「すべてまちがいだらけである」と嘆いています。

●健康の基本の基本

みなさんが毎日飲む「水」は、必ず良いものを選んで下さい。いろいろな健康法に取り組んだり、健康食品を利用したりしていても、悪い水を飲んでいてはすべて帳消しにされてしまいます。人間の体は約七〇パーセントが水分です。生まれたばかりの赤ちゃんは約八〇パーセント近くが水分だということです。

八〇歳を超えると水分は五〇パーセント台に落ちてきます。つまり年をとるということは、水分が抜けてくるということなのです。果物でも野菜でも採れたてはみずみずしいのです。水分が豊富です。時間がたってくると水分が抜けてシワシワになってきます。おばあちゃんは残念ながら、みずみずしいとは言えないわけです。ですから、粒子の小さい良い水をとって、みずみずしい状態を長く保てるように努めて下さい。とくに朝起きたときと、お風呂に入る前には必ずコップ一杯の水を飲むことが大切です。

先日、たまたまテレビのチャンネルをひねっていましたら、番組で小学生の理科をやっていました。植物の実験で、青いインクに白い花を差すと青い花になるというものがあります。赤いインクにいけた花は赤く染まっていきます。その実験をやっていましたので、面白そうだと思って見てみました。

実験では、ミカンの木の根元に青いインクをかけて、その経過を観察していました。しばらくたってから、ミカンを採って皮をむいてみると、ミカンの袋の周りの白い筋が青くなっていました。赤いインクをかけておいたミカンは、赤い筋が這っていました。

あのミカンの中の白い筋は、何げなしに取っているけれども、ミカンの実の中に水分を運んでいるのだということがわかりました。そして、もうしばらく、青い水をかけ続けていると、ミカンのツブツブが全部青くなってしまいました。これを見て改めて納得できました。

青い水をかけるとミカンは青くなる、真っ黒い水をかけたらミカンは真っ黒くなるということです。摂取した水の色に染まっているのです。

植物も動物も水が切れたら死にます。人間も三日間水を飲まなかったら死にます。

いくら高価な健康食品をとっていても、良いお医者さんにめぐり会っても、汚い水を飲んでいたら、それでできた血液や体がきれいなわけはありません。そして、血液の汚れは、精神さえも汚していきます。

つまり、健康の基本の基本は何かというと、それは「水」です。きれいな「水」、良い「水」を飲むということです。

日本人は水が簡単に手に入るということで、水にお金をかけたがりません。ヨーロッパ等では、良い水はそう簡単に手に入りませんから、高価なものでした。日本人も意識をある程度ヨーロッパ人に近づけて、水にも関心を払ってもらいたいと思います。

水は基本です。必ず良い水を飲まなければなりません。水道の水などでは、まともな正常な肉体ができるわけはありません。

ではどんな「水」が良いのでしょうか。いまや「水」ビジネスは百花繚乱の様相を呈していて、様々な「水」商品が市場に出回っています。いろいろなルートから、みなさんの元にも良い「水」といわれるものの情報が届いていることと思います。

私は具体的に特定の水を推薦するということは控えますが、殺菌、煮沸をした水に力はありません。

水というのは、いったんグラグラ煮てしまうと、これはもう「水」ではありません。「湯冷まし」です。「生水」は「生きた水」と書きます。「湯冷まし」には命はありません。その中で魚を飼おうとしても、魚は死んでしまいます。生き物が生きていけない水は、もはや良い水ではありません。本当に良い水は飲んでいるだけで体調が変わってきますので、わかると思います。

いろいろと比べて検討してもらい、普段から粒子の小さい、エネルギーを持った「水」で体をうるおしていただきたいと思います。

●症状の真の意味を理解しない現代医学

私は医療関係者の集まりに呼ばれて、健康や病気に関する講演をすることがあります。お医者さんの医学の知識を一〇〇とすれば、私は一か、あるいは一以下かもしれません。私は専門的に医学を学んだこともないので、専門的なことはわかりません。

ではなぜそういう私を講演に招いてくれるのかといいますと、私が病気の人を「癒せる」からです。私は医者ではないので病気を治せるとはいえませんが、お医者さんには治せないものが、私には「癒せる」からなのです。

一般のお医者さんと私とでは、「病気」に対する考え方が全く違います。私は病気というものはほとんど存在しないと考えています。これはどういうことかといいますと、お医者さんが「病気」と考えて治療の対象とするものを、私は体の正常な反応ととらえているということです。

腐ったものを食べて下痢をするのは「病気」でしょうか。これは「病気」ではないのです。腐ったものを食べて下痢をしないとすれば、そのことの方が「病気」かもしれません。

たとえば腐った魚があるとします。私が食べて私は下痢をせず、別の人が食べてその人が下痢をしたとすると、私の方が強い体を持っていると思ってしまいます。しかし、この場合の私は、毒に対する反応が鈍いということです。

毒に対する反応が良い人は、腐っていたらすぐに体外に出してしまいます。つまり下痢や戻すということは解毒作用ですから出せば良いのです。以前、毒カレー事件がありましたが、すぐに戻せば助かります。

熱が出るのも、同じです。熱が出るというのは、免疫力が上がっていることなのです。体の中に免疫細胞はたくさんいますが、普段は休んでいるものが多いのです。たくさんいる免疫細胞が活躍するためには、それらをコントロールする司令官のような存在が必要なのです。これをヘルパーT細胞といいます。

このヘルパーT細胞は、体温が三七度を超えると急増します。そして三九度になるまでに一気にその数は二〇倍になるといわれています。つまり三七度から、どんどん免疫力が上がっていくわけです。

三七度になると、ウイルスが免疫の働きで弱り始めます。三九度五分でガン細胞も死に始めます。四〇度ではガン細胞は生きていけません。

ですからガンが治った人は高熱を経験しています。熱が上がるということは、体にとって非常に良いことなのです。解熱剤を与えたグループと与えないグループに分けて動物実験をすると、解熱剤を与えたグループの死亡率はあきらかに高くなり、病気が治る時間もかかるようになります。

ヘルパーT細胞がいなくなる病気をエイズといいます。つまり免疫がいても働かなくなるのです。

四一度になるとタンパク質がこわれるので脳に影響を与える可能性がありますが、少し熱がでたからといって解熱剤を飲んでいたら免疫力を非常に落としていることになるのです。

人体というものは、体中から、いろいろと汚いものを出すようになっています。たとえばおしっこに行きたいのを我慢しているとします。おしっこを止める薬があったら便利だと思うでしょうか。この薬をみなさんは飲むでしょうか。決して飲まないと思います。おしっこは排泄しないわけにはいかないと、みなさんが思っているからです。

では、どうして鼻水なら止めてもいいのでしょうか。ウミも同じです。ウミが出ているということは、菌の侵入を免疫作用が食い止め、菌の死骸が次々に出てきているということです。それを抑えてしまっていいのでしょうか。

アトピーも同じことです。お母さんのお腹の中にいるときからいろいろな化学物質に汚染されてしまった赤ちゃんが、生まれてきてから自力でそれを一生懸命外に出そうとしているのです。

でも人間は、体の中にあるもの汚いものを体の外に出そうという働きを、「病気」という名前を付けて一生懸命抑えようとします。鼻水が出たら止める、下痢をしたら止める、熱が出たら下げる。そして、体の中はどんどん汚れていきます。

飛躍的な進歩を遂げたはずの今の医学が、決して人間の健康を増してはいないのはそのせいです。悪いものが体から外へ出るのは良いことなのです。体内に腐っているものがあれば出さなくてはいけません。

子どもが下痢をしたら「ああ良かったね、体の中の汚いものが出たね」と言えばいいわけです。熱が上がったら「ああ免疫力が上がってるんだね」と思えばいいわけです。これらはとてもありがたいシステムなのです。

●闘う医学から癒す医学に

汚いものは汚いところにしか住めないということを書きましたが、それは病気にもあてはまります。

前述したようにＷＨＯ（世界保健機関）は、二〇二〇年には人類の半数が熱帯性の伝染病にかかるという予測を出しています。地球温暖化によって、熱帯性の恐ろしい病気が人口密度の高い温熱帯地域にも広がり始めたということです。しかし、このことを必要以上に恐れることはありません。

コレラをはじめとする数々の伝染病やエボラ出血熱など、これらの恐ろしい病気、「汚い」病気は、地球の絶対法則で、絶対汚いところにしか住めないのです。「汚い」肉体の中にしか入って行かれません。

体の中が泥水だったらボウフラが増えていくということです。清流だったらボウフラは増えていかれないということです。ですから、コレラに接触しても、うつる人とうつらない人が出てくるのです。

それは、体の中が汚れていたかどうかによって決まります。体の中を汚すものとは、化学物質や食べ物であり、食品添加物や消毒剤やその他のいろいろな不自然なもの、あるいは人間の思いが体を汚していきます。

では、体の中に汚れている水があれば、それは外に捨てれば良いことになります。ところが体が汚れているものを捨てようとしても、お医者さんは「病気」という名前を付けて、一生懸命それを止めようとしているのです。だから、治そうと思えば、逆のことを考えれば良いのです。外に出すべきものは体の働きを信頼して、十分に出し尽くさせてあげるということです。

おばあちゃんがどこか調子が悪くて病院にかかっているとします。ずっと病院に通い続けますよね。いつまでたっても治らないのが現実です。

風邪などでも、もちろん本当に治す薬はありません。あるのは対症療法だけです。熱を下げたり、咳を止めたり、鼻水を止めたりという、そういう療法しかありません。

鎮痛剤などは特に怖い薬です。悪い所が治ったわけでもないのに「痛み」だけを止めようというわけです。「痛み」を感じさせる神経を麻痺させて、体の状態を知らせる「痛み」という仕組みを壊してしまうのです。鎮痛剤が効かなくなってくると、最後はモルヒネ等の麻薬になります。

解熱剤も怖い薬です。解熱剤が原因で亡くなる人は年間にかなりの数に上ると言われています。解熱剤を使って熱を下げると、熱が上がることで活発化していた免疫作用が弱まり、ウイルスが増殖しますから危険です。

消化剤も良くありません。たくさんの仕事を引き受けてしまったときに、誰かに手伝ってもらえば確かに楽です。しかしだからといって、毎日手伝ってもらっていたら、今度は手伝いがないと仕事ができなくなります。消化剤に頼っていたら、自分で消化する力がなくなっていきます。

薬草や漢方薬には害がないと思っている人もいますが、それは大きな間違いです。鼻水でも、下痢でも、出す必要があるから出しているのであって、止めてはいけませんが、薬草や漢方薬にも、こういう症状を止める作用をするものが多いのです。

こういう「毒止め」はだめだということです。これは西洋医学で化学的に作ったものであっても、東洋医学で自然界にあったものでも同じということです。西洋医学は悪いが、東洋で生まれた漢方薬なら良いということはありません。漢方薬には良いものもたくさんありますが、強力な副作用があるものもたくさんあります。

私は医学を否定しているのではありません。金のために人の命を利用する医学を変えたいと思っているのです。

次々に明らかになる薬害、院内感染、毎日のようにニュースで流れる医療ミス、お医者さんのモラルが本当に問われています。患者を薬づけにする医療から、患者の治癒力、免疫力を上げ病気を治していく本物の医療へ変えていかねばなりません。

今、多くのお医者さんたちがそういう医療を目指し始めています。しかし患者さんには喜ばれても薬を使わないとお金が入らないのです。このシステムを変えていかねばなりません。二十世紀の医学は闘う医学でした。二十一世紀は癒す医学の時代です。

●食品と体の関係を決める「波動」「共鳴」

今、「波動」というものが多くの人の関心を集めています。波動の研究が進んでいく中で、いろいろと面白いことが明らかになってきました。そのひとつに「共鳴」という現象があります。

共通するもの同士が響き合って引き付け合うということです。

感情はそれぞれ固有の波動を持っています。また、元素もそれぞれ固有の波動を持っています。そして、この感情と元素の間に「共鳴」現象が生ずるということがわかってきました。たとえば、「怒り」の波動と「鉛」の波動とが共鳴します。また「不安や心配」の波動と「カドミウム」の波動とが共鳴します。「いらだち」の波動と「水銀」の波動とが共鳴するのです。

ある海で獲れた魚に水銀が含まれていたとします。奥さんが「わあ、おいしそう！」と言って感謝して喜んで食べたとします。旦那さんはイライラしながら食べたとします。

「イライラ」の感情と「水銀」とが共鳴するということは、同じものを食べていても、「イライラ」している人は体内に「水銀」を溜めやすいということです。

怒っている人は「鉛」を溜めやすい、不安や心配を感じている人は「カドミウム」を溜めやすいということです。

そして、「アルミニウム」と共鳴するのが「悲しみ、寂しさ」だということです。つまり、孤独感の強い人が「アルミニウム」を溜めやすい、すなわちアルツハイマー病になりやすいということです。

同じ条件下で同じ物を食べていたとしても、食べる人の感情によって食べ物の影響が変わってくるということです。マイナスのネガティブな感情が、有害な元素を引き寄せてしまうのです。

逆に、感謝や喜びは食品の持っている栄養素と共鳴します。安全性に不安のある食品が確かに多いのですが、食べるときは、感謝して食べる、喜んで食べるということが大切なのです。食品が含む有害な物質と共鳴しないような、プラスのポジティブな明るい気持ちが必要なのです。

味の良くない水道水をコップに二つくんで、その片方を両手で包み込み「体に優しい水になれ。良い水になれ。おいしい水になれ」と、良い「思い」をたくさんこめていくと、数分間で確実に水の味に差が出てきます。人間の感情、「思い」には大きなパワーがあります。だから、手作りということも食べ物にとって大事なことなのです。「波動」という考え方は、今では随分一般的なものとなってきました。健康を増進するための波動グッズもたくさん売り出されています。目に見えない世界に対して一般の人たちの心が開き始めているということで、大きな前進といえます。

●病いで学ぶこと

しかし、「波動」をあまり重要視して、その測定結果を鵜呑みにして右往左往する必要もありません。自分や他人の肉体に限らず、「思い」は物質に対して大きな影響を与えます。「思い」は原子レベルの変化を自在に生み出してしまいます。「思い」が入っていって「波動」が変わってしまいます。

従って、いろいろと高価な「波動」の測定機器が発表されていますが、「これはすごい」とか「これはたいしたことない」とかいう測定者の「思い」は、必ず対象となる物質に変化を与え、測定結果にも影響を与えてしまうのです。

だから、悪いものだったら「思い」で良いものに変えてしまうこともできます。これは簡単に実験で確かめられるのです。

ご主人のお弁当のおにぎりを奥さんが作るとき、「お父さん、家族のためにいつもありがとう、ご苦労様」という思いをこめて握ったものと、ケンカをした後で「くそ、弁当なんて作りたくない、このクソ親父‼」と思いながら握ったものとでは、腐敗のスピードが全く違うのです。プラスの思いをこめて握ったおにぎりは、なかなか傷まず腐敗菌やカビの増殖も抑えられます。

波動グッズには、パワーの大小がありますが、大体みんなそれなりに効果はあります。図形や、紙に書いた言葉や、絵や、写真は、みんな特定の波動を発生します。快適に暮らしていく助けに利用していけばいいでしょう。

しかし、「健康」や「快適さ」ばかりを求めても心が変わらなければ、「魂」が変わらなければ、何の意味もありません。波動グッズのマニアになって、良い波動の部屋に住み、良い波動の服を着て、良い波動の食事をして、それでいくらか元気になったとしても、今のこの時期にそれに何の意味があるのでしょうか。

この地球の大転換期をどう乗り切って、自分の「魂」のレベルを上げていくかということが問題になっているときに、わずかばかり気分が良くなることに一生懸命になっている場合ではありません。

●愛のエネルギーは地球さえも癒す

私にヒーリングを求めて来られる方や、「癒しと健康」をテーマにしたセミナーに足を運んで下さる方の中には、自分の症状のことで頭がいっぱいの方もあります。どうやったら痛みがやわらぐかということは、確かに痛みが続く間は大きな問題でしょう。

しかし、最終的には「魂」をどうやったら高めることができるかということに関心を寄せていただかない限り、肉体を癒すことに何の意味も出てきません。

たとえばガンも体の一部、自分の細胞です。ちょっとぐれてしまった不良になった細胞です。不良になったのでやっつけてしまえ!! ではなく、どうして不良になったか考えてみてほしいのです。「そういえば不自然な化学物質をたくさん使っていたな」とか、「肉ばっかり食べていたな」、「防腐剤の大量に入ったものばかり食べていたな」、「人を憎んだり、恨んでばっかりだったな」とか、何か原因があるはずです。

間違っていたから細胞がぐれたのであれば、そこを変えれば良いのです。力のある先生やヒーラーにガンを消してもらった、また同じ間違いを続けたので細胞がぐれてしまったガンを消して下さい、では何の気付きも学習もありません。

重い病気にかかったことや障害をチャンスに素晴らしい人生や人を幸せにした人はたくさんいます。病気に何を学ぶかです。

お医者さんもヒーラーも手助けをするのです。最終的に治すのは自分の力なのです。

自分だけが良ければいいという考え方で、どんな健康法に取り組んでも、決してガンなどの病を防ぎ切ることはできません。

逆に、愛にあふれ、少しでも人々の役に立ちたい、地域の役に立ちたいと思って努力している人には健康法はいりません。そのことを忘れずに、全力で人生の課題に挑戦しようとしている人に、ここに述べてきたような健康に関する知識を活かして、体をきれいにしていただいて、病気などを寄せつけずに前進して行ってほしいと切に願っています。

人の思い、愛や優しさはエネルギーとなって人を癒していき、幸せに変えていく力を持っていますが、そういった人が増えていき、たくさんの人の愛のエネルギーが地球を包み込んでいけば地球さえも癒していくのです。

第5章 あなたは生き残れる人間ですか

●宇宙のリズム、七つのステップ

旧約聖書では、一週間の始まりを次のような説話で説明しています。

「神が最初に『光あれ』と言ったらそこに光が生まれました。それを日曜日としました。そして二日目に天地を創られました。それを月曜日としました。そして植物を創り、鳥や獣を創り、火耀日、水曜日、木曜日と決めていきました。金曜日に人間を創り、そして、最後の一日、土曜日に休まれました」この最後の一日が安息日です。

ところで、世界は七日間で創られたのでしょうか。これはそうではありません。少なくとも、一日を二四時間としたときの七日間という時間で創られたのではありません。これはすべてを七段階に分けて考えているということです。

六段階の準備があり、やがて七段階目に完成して休んでいるということです。この六段階＋完成の七段階というパターンは、宇宙に広がる基本的なリズムです。さまざまな場面にこの七ステップの構造は現れます。

お釈迦様は、その説法の中で「弥勒（みろく）の世」の到来を予言しました。仏さえも滅びる「仏滅」、あるいは「末法の世」という大変な時代の後に、弥勒菩薩が下生（げしょう）して、平和な、光に満ちあふれた世界がくるという予言です。お釈迦様はこの「弥勒の世」を、五六億七千万年後に訪れる世界だと言いました。

このことから「五六七」と書いて「ミロク」と読みます。お釈迦様は紀元前六〇〇年位前の人ですから、今から約二千六百年前の人ということになります。「弥勒の世」の到来まで、あと五六億六千九百九十九万七千四百年残っていることになります。まだ、しばらくありますね。ところで、こういう文字通りの理解で良いのでしょうか。

炭素法で地球の岩石を調べてみますと、地球の歴史が四六億数千万年ということが科学的に測定できます。これは本当は四六億七千万年なのです。一〇億年＋一〇億年＋一〇億年＋一〇億年＋六億年＋七千万年の六段階に分けて考えると、生物が地球上に一気に花開く時代は最後の七千万年のところです。この七千万年の間に、人間を含むほ乳類や、その他多種多彩な生命がこの地球上に溢れるようになりました。

これ以前の五つの段階において、地球上に生命が大きく展開するための準備が行われました。

最初に海ができ、そこにアメーバや植物性プランクトンなどの原始的な生命が登場し、小さな泡をプクプク発生させながら大気の環境を整えていき、そして、植物たちが大気を完成させ、やがてオゾン層ができ、動物や植物、微生物の働きで土壌が形成され、というように、地球が生命の溢れる星となるまでに長い長い年月をかけた準備が進められ、この環境が生み出されたのです。

しかし、それ以前の段階についても考える必要があります。この宇宙空間に、天体としての地球がいきなりポンと現れたわけではありません。

宇宙の「意志」が働いて、宇宙空間の目に見えないエネルギーの固まりが「種」となり、そこから「核」が形成されてガスやチリが回転しながら集まり始め、それが固まりになって地球などの天体ができあがります。

「種」の発生から、地球ができあがるまでに一〇億年が費やされています。

従って、地球の始まりを、宇宙空間における「種」の発生にまでさかのぼって考えると、地球の歴史は五六億七千万年ということになります。つまり、お釈迦様が「弥勒の世」が到来すると告げた五六億七千万年後というのは、地球が始まってから五六億七千万年後の世界、すなわち「今現在」「このとき」ということです。この時代がいかに大きな転換期かということがここからもわかります。

この、地球上に命溢れる世界が創られるまでに、一〇億年＋一〇億年＋一〇億年＋一〇億年＋一〇億年＋六億年＋七千万年の七つの段階がありました。世界が完成した最後の七千万年が「安息日」に相当します。「安息日」までの一週間と同じ構造がここにもあります。

●大いなる意志のコントロールのもとで

進化論は今や一般に広く受け入れられていますが、どうしてすべての魚が、あるいは猿が人間にならなかったのかという疑問に、決して進化論は答えることができません。

ダーウィンは、ガラパゴス島のイグアナが、海に住むものと陸に住むものとに分かれているのを見て進化論の考察を進めていきました。海のイグアナはヒレが発達して海の中を泳ぎ回り、魚を獲っていました。陸にいるイグアナは、のそのそ歩いて小動物を食べていました。

住む所の環境の違いが、それぞれのイグアナに違った進化の過程をもたらしたのだとダーウィンは考えました。環境が進化の道筋を決定づけるということです。

動物たちは、大部分が魚から進化してきたと言われています。環境が進化の行く末を決めるのであれば、どうして一つの地域に多種多様の生物が存在しているのでしょうか。ある地域の環境が特定の進化をもたらすのだとすれば、その地域は一種類の動物におおわれてしまうはずではないでしょうか。山に行ったグループ、海の近くに住んだグループ、森に行ったグループがそれぞれどうして同じ進化をしなかったのでしょう。

たとえば、アフリカのどこかの地域を例にとってみても、そこには猿も犬も猫も人間も魚も鳥もいるわけです。

どこの地域をとってみても、そこには多彩な生物による生態系が形づくられています。この事実を進化論で説明できるでしょうか。同じ地域に住みながら、ただの魚と、馬に進化した魚と、どこでどうして分かれてしまったのかということです。

複雑に絡み合った多彩な生態系をデザインした存在、いわば宇宙の意志というものをここに考えないわけにはいきません。つまり創り主、創造主がいるということです。私たちが粘土の固まりで食器を作るとすると、人数を計算し小皿は何枚いるな、大皿は何枚いるな、湯呑みはいくついるな、水差しはいくついるな、というふうにはじめに考えます。全体を見ながら計画を立てて作り始めます。生物についても、全体を見ながら計画していった存在がいたということです。

肉食獣と草食獣の数を間違って逆に創ってしまったらどちらも滅びてしまいます。あるいは、肉食獣を創り忘れたら、草食獣が草を食べ尽くしてこれもやはり滅びてしまいます。そして、バランスよく器ができてから、初めて中身を入れたということです。この器の完成のために数十億年という年月が必要でした。

宇宙の意志のコントロールのもとで、いわゆる進化の道筋が展開していったということです。しかし、進化を進める力となったのは「適者生存」「弱者淘汰」の原則ではなく、宇宙の意志の「調和」を生み出す力でした。この力によって、あらかじめ計画されていた生態系が完成されていったのです。最初からバランスよく配置され、今の生態系のバランスを作り上げていきました。

●人間の目先の欲が壊し続ける自然界のバランス

自然界に築かれている絶妙なバランスを破壊するのはいつも人間です。

こういう話があります。使用が禁止されて行き場のなくなった三種類の農薬の在庫を、日本政府が税金で買い取って、インドネシアに対して政府開発援助（ＯＤＡ）という名のもとに支給しました。稲に発生する害虫のウンカをこの農薬で駆除するという見込みだったわけですが、実際に散布してみると、さらなるウンカの大発生を招いて、大きな披害がもたらされました。

これは、農薬に対してより敏感であった益虫たち、ウンカを食べていた虫たちが先にいなくなってしまったからで、害虫とされるものの多くは、環境破壊や公害に比較的強いものが多く、農薬に対しても耐性を持つものが次々と現れています。

これは抗生物質の世界と全く同じ様相です。より強力な抗生物質を開発しても、病原菌にもまたそれをしのぐものが生まれてきます。このイタチごっこが続くうちに、ただの黄色ブドウ球菌からやがて、院内感染で問題になっているメシチリン耐性黄色ブドウ球菌（ＭＲＳＡ）というようなオバケ菌が発生して、手に負えない状況になっているのが現状です。このような「競争」を自然界に仕掛けていっても、人間には決して勝ち目はありません。

先のインドネシアの例と全く同じような話が中国にもあります。これは「毛沢東の大失敗」と呼ばれている話です。毛沢東が農村の視察に行くと、刈り取って干してある稲にものすごい数のスズメがたかってそれを食べているのが見えました。毛沢東はスズメを無くすることで米の収量の増大を図ろうとし、翌年、中国全土の人民に「スズメ撃退作戦」を指令しました。

中国人民が総出で竹竿や木の棒を持ってスズメを追い回したところ、羽根が小さくて長時間飛び続けることのできないスズメたちは次々と力尽きて、落ちてきます。

村々にスズメの山ができていきました。スズメは食材としても美味しいもので、一石二鳥と皆は大喜びしました。

ところが、次の年、歴史に残る大飢饉が中国全土を襲いました。たくさんの餓死者が出る悲惨な状況となりました。

スズメは確かに秋になると、干してある稲に群がってそれをついばんでいたわけですが、これは人間でいえば盆や正月と同じようなもので、普段から稲を食べているのではありません。一年の大部分は草むらで虫を獲って食べていたわけです。

虫が普段の主食で、害虫をたくさん食べてくれていたわけです。いつもスズメが虫の大発生を抑えてくれていたのですから「一〇」の収穫があれば、そのお礼に「一」くらいあげても良かったところです。

ところがその「一」を惜しんでスズメの数を減らしてしまったために、害虫が大発生して、農作物が全滅してしまったのです。「一〇」あるはずの収穫がほとんど「〇」になってしまいました。開放政策によってこの情報が少しずつ表に出るようになりましたが、長い間この事実は隠されていました。このときの餓死者は数十万人から数百万人に達するとも言われています。

自然界の生態系は助け合いや支え合いの微妙なバランスの上に成り立っているのです。必要以上に欲しがる人間は、大いなる存在、宇宙の意志の築いたこのバランスを常に壊し続けてきました。「富」「お金」「財産」などをかき集め貯め込むことに熱中していると、必ずこのバランスとの間に矛盾を引き起こします。

●地球文明が経験した六度の崩壊

今現在、地球上に展開する私たちの文明は七回目の文明です。過去に既に地球文明は六度滅亡しています。各文明とも、その発展に伴って人間の精神の堕落と驕りとの拡大を生み、それが頂点を迎えたときに、神の怒りというよりも自然の法則、宇宙の法則による「大掃除」が引き起こされました。このようなことが六回も繰り返されているのです。

過去の文明の崩壊が、伝承としてある程度現在まで伝わっているのは、ムー大陸やアトランティス大陸の沈没です。また、エジプトの大ピラミッドやインカの空中都市マチュピチュは、実は現在考えられているよりも遥かに以前に建造された、過去の崩壊した文明世界に属する遺跡です。それを、後の文明が再び住みついて流用したに過ぎません。

太平洋や大西洋の底、モンゴルの地中、そして南極大陸の氷の下などに、太古の巨大文明の遺跡は眠っています。

そんなものはただの言い伝え、作り話と考えられていましたが、最近になって次々と過去の文明の存在を示す証拠が発見されています。沖縄の与那国島の海底からは巨大な神殿の遺跡が見つかりました。宗像大社・沖津宮のある玄界灘の沖ノ島というところでも、海底から古代祭場跡が発見されています。

日本近海には他にもたくさんの遺跡が沈んでいるのです。三、四千年前の日本列島は原始時代だというのがいまだに歴史学者たちの見解であり、この与那国島の海底遺跡などは一万年以上前のものであると考えざるを得ないのですが、歴史学者たちの多くは黙視しています。

海底遺跡を調査した琉球大学の木村教授は、太古に沈んだ文明の人工建造物で、ムー大陸の一部の可能性があると話されています。でも、教科書を書き換えるにはまだまだ時間がかかるでしょう。

しかし、今の歴史の教科書がどう述べていようとも、文明は過去に何回も発生して、そして滅んでいるということなのです。過去に六回の文明の精算は「水」によってなされました。神の怒りをかって「水」で洗い流される「水の洗礼」でした。ムー、アトランティス、レムリア、すべてがそうです。

今、地球の歴史の大転換点を目前にして、これら今まで隠されていた超古代文明の遺跡が、世界中で次々と発見されることでしょう、なお、ノアの箱舟の大洪水は、今回の文明の初期のできごとです。これは文明の滅亡には数えられていません。ノアの大洪水クラスの天変地異は数え切れないほど起きているのです。

ついに「時」がやってきました。今度が七回目の、これが「最後の審判」になります。キリスト教で言われている通り「最後の」、つまり「最初」ではない「審判」が始まります。ちょうど今、今までの文明が滅びたときと同じような、人間の心が乱れた状態にあります。

自分さえ良ければいいと、人々が勝手なことをし始めたときにムーやアトランティスの沈没は起こりました。人間が驕ったときにこういうことが起こります。こういうことが起こらないと、もう人間には自分の欲望にストップがかけられないのです。

●「神の七千年計画」

今現在のこの七回目の文明は、西暦で紀元前四千年前後くらいから始まっています。このあたりからインダス、メソポタミア、エジプトというような大きな文明が花開き始めます。そして、次第に急激な進化を遂げて西暦二千年を過ぎました。

厳密にいうと四年ずれているということですが、西暦では紀元０年がキリスト生誕の年です。

キリストは「天国は近づけり、汝ら悔い改めよ」と言いました。また、バプテスマのヨハネも同じく「天国は近づけり」あるいは「世の終わり近づけり」と言いました。

天国が近づいて来たとはどういうことでしょうか。誰かおじいちゃんかおばあちゃんに言うなら、あなたはもうすぐお迎えが来るよということかもしれませんが、これはすべての人に対するメッセージであるわけです。ここで言う「天国」とは、死んだら行くという「天国」のことではないようです。

西洋では「神の七千年計画」という考え方があります。紀元前四千年から文明が栄え始め、それから六千年が経過し、そしてこれから最後の千年を迎えるという考え方です。西洋のキリスト教圏では、日本で考えられている以上にミレニアム（＝千年紀）という言葉が重要な意味を持っているのも、この考え方が基本にあるからです。「千年王国」という言葉が使われたりもします。

神は、この文明を進化させるために、今まで悪に対して目をつぶってきました。そして、人間は助け合うことや気づかい合うことではなく、争うことや競い合うことでこの文明を進化させてきました。私たちのような段階にある存在にとっては、この道が最も効率が良かったからです。そして六千年の時が流れ、物質文明は一つの頂点を迎え、すべてのものはここに用意されました。

このままの道を突き進み、過去の六度の文明と同じ末路を迎えるのか、それとも新しいレベルの進化の道に分け入るのか、地球文明は重大な岐路を迎えています。

この試練を無事克服できたならば、次に待ち受ける新しい千年は、完成されお休みする最終の千年です。七回目の文明が迎える七つ目の千年紀――最初の六段階で準備され最後に花開くという、宇宙のリズムが貫徹されるかどうかが問われています。

最後の千年をキリスト教で「地上天国」といいます。「天国は近づけり」という言葉は、もう四千年が過ぎたよ、あと二千年しか残っていませんよという、イエスの警告だったのです。そして、最後の千年が近づくにつれて、世界中で、そして日本で多くの聖者たちが、「神の国が近づいてきたよ、みんな注意しなさい」ということを警告しています。

天理教、金光教、大本教、世界救世教などの「艮《うしとら》の金神」「国常立尊」の影響下にある宗教の教祖をはじめとして、日蓮さんなども同様のことを説いています。

多くの聖者が予言した「本当の時代」がこれからやってきます。今までは、お金や物や目に見えるものがすべてだと信じて多くの人が生きてきました。しかし、ここで新しい世紀に入って、今後世の中の価値観は一気に変貌するでしょう。そして、ごく近くに急激な経済崩壊が起こります。

お金や物がすべてだと思っていた人たちは、生きるすべと意欲を失ってしまうかもしれません。でも、そうではなくて、一番大切なのは「心」なんだ、「思い」なんだということがわかっている人たちにとっては、これからくる時代は待ちに待っていた時代ということになるでしょう。

●絶対という存在

地球上にいくつもの宗教が存在するのは、いろいろな時代のいろいろな国に教えを説く人が現れて、その時代なり、その国なりの表現の仕方をとったからです。

この人だけが絶対という存在はありません。地球上に肉体を持って出てきた人に絶対の存在はありません。イエス様やお釈迦様でさえも、全宇宙の真理の中の、限られた部分を伝えているに過ぎません。

すぐれた聖者は一般の人間が知るよりもはるかに広い部分を伝えることができます。しかし、それは宇宙の真理のすべてではありません。自分たちが絶対と考える限り、他の宗教との共存はできません。常に争い続けるより他ありません。

宗教に限らず、精神世界の真理を説くいろいろな先生方やチャネラーなども、いろいろな知識を私たちにもたらしてくれます。臨死体験をした人も、私たちに宇宙や生命に関する新しい知識をもたらしてくれます。でも、宇宙の真理のすべてを知って伝えているわけではありません。本人がすべてのつもりでいても、それはすべてではありません。

鎖国時代の日本で遭難し、アメリカの船に救われてロサンゼルスに行ってきた人がいるとします。彼が日本に帰って皆の知らない海の向こうの未知の国の話をします。そこにアメリカ全土を旅行した人が、アメリカにはこんな所があったと話をしたら、ロサンゼルスだけ見た人が、そんなものはありませんでした、と言うようなものです。「それはありません」と答えるのではなく、「それは知りません」と答えなければなりません。

臨死体験をした人で、天国も地獄もありません、とか輪廻転生もありません、と言い切ってしまう人もいます。しかし同じ肉体を離れて天国・地獄を見た人もたくさんいるのです。「無い」のではなく、「見なかった」と言うべきではないでしょうか。

多くの人は自分の「ものさし」を持っています。「ものさし」を持ってしまうとその「ものさし」で計れないものを否定しなければいけなくなってしまいます。大切なことは自分の枠を作ったり、「ものさし」を持たないことです。

どの聖人をとってみても、絶対という存在はいません。絶対と主張し始めた瞬間に、必ず争いが始まります。イエス様が知っていたこととお釈迦様が知っていたこととは、重なっているところもあれば、重ならないところもあります。

仮に宇宙の真理の知らない部分があったとしても、イエス様やお釈迦様が偉大な存在であるということにはいささかも変わりはありません。聖人と呼ばれる人たちも創造主ではないのです。人々が間違った方へ進まないように主神や高次元の神からメッセージを持っていろいろな時代、場所に先生として降りてこられたのです。

しかしやがて教団が発展し、教典などは後の人が書き替えたりして、そして、自分たちだけが絶対ということを唱え始めるのです。モハメットが絶対、キリストが絶対と言い始めて、戦争さえ始まります。イエス様は罪の一番初めに「殺すなかれ」と言っているのに、聖戦と言って戦っているのはおかしなことです。

二十一世紀は「共存の時代」です。他を認められる人の時代です。いくら正しい生き方をしていても、これしかない、これが絶対と考えている人は生きていけない時代です。だいたい同じ方を向いていれば、いいのです。

●大きな財産は大きな罪

イエス様やお釈迦様やその他の聖人たちは皆、例外なく貧しい人です。イエス様は馬小屋で生まれました。お釈迦様は王子でしたが、悟りを開くために位や財産を捨てて旅に出ます。アルバイトをしながら悟りを開いていったわけではありません。イエス様もお釈迦様も、施《ほどこ》しで生きていく道を選びました。

日本の教祖の人たちもこの例にもれません。大本教の教祖の出口ナオさんも貧しい暮らしぶりでした。もともと出口さんの家は立派な大工でしたが、旦那さんが酒飲みで寝たきりになってしまいます。その面倒を見るためにどん底まで落ちて、紙屑拾いをしているときに、神様が体の中に入ってくるという経験をするわけです。

世界救世教の岡田茂吉さんも貧しい人でした。天理教の教祖の中山ミキさんも同様です。もともとは裕福な家柄でしたが、神様がかかったときに「谷底の救済をしなさい。お金持ちや偉い人など、山の上の滅びる人たちにはかかわらなくてもいい」という神示を受け、田畑や屋敷を売り払って貧しい人に分け与えます。そして、自分は畑の隅に掘立小屋を建てて、そこに住んで教えを説き始めます。

大本教を大きく発展させた出口王仁三郎《でぐちおにさぶろう》は、おじいさんがちょっと不思議な人でした。その家は上田家というのですが、このおじいさんが「上田家は、七代ごとにかならず偉人が現れて、天下に名を顕わしたものである。喜三郎（王仁三郎）は、円山応挙（本名、上田主水《もんど》）からかぞえて、七代目にあたるから、かならず天下に名を顕わす……」と言います。

そして、この上田家も家柄の良い富裕農家で大金持ちだったのですが、このおじいさんが毎日毎日バクチを打ち続けて田畑をそのカタに取られていってしまいます。

人が「あんたの代で家は潰れるよ。どうしてバクチをするの」と尋ねると、おじいさんは、「上田家は業が深い。先祖代々、ええ暮らしをしてきた分だけ罪が深いんで、その罪障をとるため、いったん家も屋敷もなくなってしまわねば、良い芽は吹かぬぞよと、いつも産土《うぶすな》の神が夢枕に立って仰《おお》せられるんじゃから、やめるわけにはいかん。一日でもバクチをやめるとすぐその晩に神様が現れて、なぜ神の申すことを聞かぬかと、たいへんなご立腹でお責めになるんじゃ」と答えたということです。

そして、努力の甲斐あって財産が跡形もなく消えてしまったときに、出口王仁三郎は生まれてくるのです。

つまり、お金をたくさん持っているということは、誰かから奪うか、地球を壊すかしない限り不可能だということです。

昔から代々大地主ということは、代々欲張りで、たくさんの小作人を苦しめてきたということです。みんなと仲良くすることが一番大事と思っている人には、大きな財産はできません。誰かから奪わないと持てないのです。たくさんの人の悲しみや苦しみや涙が、大きな財産を作るということです。深い罪と裏腹に財産は大きくなるのです。

裕福な家柄にバカ息子が生まれて、一代で財産を使い果たして破産してしまったなどという話がありますが、それは決してバカ息子ではないのです。そんなものをたくさん抱えていてはその家は滅びるから、先祖が優秀な魂を送り込んで、精算をさせるわけです。先祖の中の代表選手が登場して使命を果たすわけです。物は、持てば持つほど魂を曇らせるのです。

聖書にも、この問題は説かれています。

イエスの所に若者が訪ねてきて「我が神の国に入るためには、何の良きことをなすべきか」と聞きます。そうするとイエスが答えて、「殺すなかれ。裁くなかれ。父と母とを敬え。おのれのごとく隣人を愛せよ……」というように、やってはいけないこと、やるべきことをいろいろ教えるわけです。

若者は「我みなそれを守れり。尚、何を欠くか」と言います。そうすると「イエス言い給う。おのれの持ちたる宝を、貧しき者に施せ。ならば宝を天から得ん」と答えるのです。若者は下を向いて寂しそうに去って行ったとあります。「彼は大いなる財を持てる者なり」ということです。

イエスは弟子たちに「金持ちが神の国に入るのは、ラクダが針の穴を通るより難しい」と、話します。金持ちがいけないのではありません。お金に支配されていることがおかしいのです。

お金や物に心がとらわれているということは目に見える物、三次元に心があるということです。当然高い次元、神の国、天国には入れません。お金は紙です。紙のために人を殺したり人を傷つけたりするのです。自分の心さえ売ってしまうのです。紙のために人類は破滅してしまうかもしれないのです。

●自分を向上させれば器は大きくできる

目に見えないものを求める努力をするより先に、自分の器を大きくすることの方が大事です。「我」や「執着」を離れ、広い心と大きな愛を持つ努力をすることが、自分の器を大きくすることに、つながります。ここから、強靱な神経も得られます。自分を向上させることによって器は大きくなります。大きな器には、大きなエネルギー、強いエネルギーを注ぐことができるのです。霊が見えたらカッコいいなあ、超能力があったらカッコいいなあ、宇宙からのメッセージがこないかなあというような低い意識のレベルで修行を続けると低級霊の格好の餌食となってしまいます。

本物は必ず大きな愛を持っています。愛の大きさは超微粒子（光）ですから強い光（オーラ）を放ちます。イエス様やお釈迦様の絵に後光が描いてあるのは大きなオーラを放っていたからです。

光は人を癒していきます。聖者たちが多くの奇跡を起こしたことは不思議ではありません。奇跡を起こせない高次元のメッセンジャーがいたら、その方が不思議なのです。奇跡といっても本物は人を驚かしたりびっくりさせたりはしません。空中に浮いて見せても、水中で長時間息を止めても、スプーンを曲げても誰も幸せにできないからです。聖者は手品師ではありません（超能力者という人たちの中には目に見えない力を人に知らせる使命を持っている人もいます）。

出口王仁三郎さんが「凶党界」という論文におもしろいことを書いています。出口さんは大勢の人の見ている所で人を浮かせてみせたり、急須を空中に浮かせ、お茶をついでみせたりした、という記録が残っています。

「世の中には机や椅子を空中に浮かせたり、空中から仏像をとり出して見せる人がいるが、それは凶党団（低級霊や邪霊の集団）の仕業であるから気をつけなさい。自分もそういったことをおもしろがってやったことがあるが、神様にそういったことをしていたら凶党団に付け入られてしまうと怒られた」と書き残しています。

●神々の願いとは

初詣などで神社にお参りする人も多いと思います。どんな祈りが神様に通じるかということを考えてみてもらいたいのです。みなさん、いろいろなことをお祈りしています。わずかなお賽銭で、山ほど願い事をお祈りしている人もいます。「会社が儲かりますように」「受験に合格しますように」「交通事故にあいませんように」「病気になりませんように」「宝くじが当たりますように」等々いろいろな祈りを唱えます。

さて、立場を変えてあなたが神社に祭られている神様になったとしたら、この有様をどう感じるでしょうか。みんな、自分のことしか祈っていません。あるいはせいぜい自分の家族のことだけです。

この様子を見て情けなくなりませんか。どうして、みんなの幸せや、地球のことを祈る人がいないんだろうと悲しくなるはずです。みなさんが神様だとして、自分のことを祈っている人の願いをかなえてあげますか、ということです。かなえたいとは思わないはずです。ですから、そんな祈りは無駄なのです。

自分のことだけを願う祈りを、かなえる高次元の神様はおりません。そして、その人混みの中に、みんなのことを祈っている人、あるいは今の状態に感謝を捧げている人がいたとすれば、神様は喜び、その人を大切にするでしょう。

宗教に入っているということは、どのようなことでしょうか。自分で生きていると思っている人よりも、すべてに生かされていると感じている人の方がはるかに意識は高い存在です。

食べることに感謝、健康でいることに、雨に、草花にいろいろな物に感謝できる人、手を合わせられる人は心が穏やかです。

このような人は、他人に対しても攻撃的ではありません。しかし自分の所だけが正しい、他は邪教だと教えたり、この宗教しか救われないとか言うとおかしなことになってきます。

中には「○○を信じないものは地獄に落ちる」という看板を町で見ることさえあります。

神の目的は、争いの無い愛と光に満ちた美しい星を作る、地球を高次元の星にする、地上を天国にするということです。

そして、そのことを伝え導くために高次元のメッセンジャーがいろいろな時代、場所に降りてきたのです。

みんなの目標がある。行きたいところがある。しかしそこはレベルが高い。自力でのレベルアップはなかなかむずかしい。

だから先生を選んだということが宗教に属しているということなのです。

たとえば、Aさんは毎日教会に欠かさず通ってイエス様にひざまづいて懺悔しています。この人は普通の一般的日本人です。悪い人ではありません。しかし多くの人と同様に、自分と自分の家族の幸せを祈りながら地球に負担をかけて生きています。

Bさんは生まれてから一度も教会に行ったことがありません。Bさんは周りに愛をふりまいている人です。困った人をなんとか助けたい、力になりたいと考え、手を差し伸べています。

イエス様はどちらか一人を救わなければならないとしたら、どちらを救うと思いますか?

Aさんでしょうか、Bさんでしょうか?　おそらくはほとんどの人がBさんを助けると答えるでしょう。

イエス様は高次元の光の存在です。愛にあふれた人は愛にあふれた人を選びます。

もしイエス様がAさんを選んだら人間と同じレベルです。政治家が自分の支持者を選ぶのと同じです。

世界中がもしAさんになったらどうでしょうか。これは今の日本の状態と同じになってしまいます。

逆にもし全員がBさんになったらどうでしょう。世界は喜びと愛にあふれ、みんな幸せになります。最後の審判の必要もなくなってしまうのです。

ですから宗教を選んだということは先生を選んだということにすぎないのです。

もちろんイエス様は自分の教え子に一人でも多く合格してほしいのです。Aさんに気付いてほしい、愛にあふれた人になってほしいと願っています。

高いレベルの宗教もたくさんあります。しかし大切なのは、その教えでその人がどう変わったのかということなのです。

神様は、無償の愛というものを必ず見ています。そしてそれに応えてくれます。つまり、誰を信じているか、何教に属しているかが重要なことではありません。自分の魂のレベルを上げる、愛を大きくするための信仰をして下さい。その思いでもう一度、教えを見直して下さい。

大金を持ってきたら病気を直してやるとか、このままだと不幸になるとか、ツボを買ったら救ってやると言っている宗教は、その時点で邪教と断じて間違いありません。神様はワイロを受け取りません。喜びや感謝のしるしのお布施とは性格が全く違うお金です。神様は感謝のお金は喜びますが、おどしのお金は喜びません。やめたらバチが当たるなどと言っている宗教も論外です。それは正しい神様が言うはずもないことです。

●「最後の審判」は間近

私たちはこれからどうなるのでしょうか、どう生きていけば良いのでしょうか。お釈迦様、イエス様、空海さん、日蓮さん、その他日本の新宗教の開祖さんたちなど、数多くの聖者、預言者といわれる人たちが、まさにこの問いに対する答えを人類に向かって説いてきたのです。伝えようとしていたのは、まさにこの答えなのであり、またこれから起こる大変化、そしてその後にくる素晴らしい世界についてのことなのです。

「最後の審判」は間近に迫りつつあります。この「最後の審判」において、人間は白と黒とに分けられるのです。つまり、地球と共生できる人と、地球と共生できない人とにはっきり分けられるということです。

地球の味方になるか敵になるかを判定されるということです。環境なんて自分には関係ないや、自分さえ良ければいいや、世の中お金がすべてさ、と考えている人と、このままじゃいけない、環境のために、みんなの幸せのために何かできることはないか、役に立てることはないか、と考えて行動していく人と、それぞれの人が迎える未来は全く違っていきます。

これから新しい段階を迎えようとしている、この地球と共生を続けられるかどうかが決まってきます。そしてそれぞれの人がどれくらいの割合で共存するかで、私たちの文明が迎える未来も決まってきます。

過去の文明は既に述べたように「水の洗礼」によって洗い流されてきました。キリスト教で行われている「洗礼」という儀式は、もうすでに私たちは「水の洗礼」を受けた存在です、という意味で、体や頭に水を付けるというものです。

今回迎える「最後の審判」では、「水の洗礼」ではなく「火の洗礼」に見舞われるだろうと聖書に書かれています。出口王仁三郎は世界の立て直しに際して「火の雨が降る」と言っています。オゾン層破壊はこの預言に完全に符号していると言って間違いありません。降り注ぐ紫外線はまさに「火の雨」です。

ノストラダムスの予言詩にあった「恐怖の大王」は、核ミサイルや小惑星の衝突などを想像していた人にとっては何も起こらなかったように見えるかもしれませんが、オゾン層の減少による有害紫外線の破壊的な働きだけでも十分「火の洗礼」と言えるのではないでしょうか。

ノストラダムスは「恐怖の大王」の正体について女王に尋ねられた際に「それは目に見えないものです」と答えたと言われています。オゾン層がなくなると植物も含めたすべての生物が死滅します。この恐ろしさは原爆の比ではありません。

「火の洗礼」は「光の洗礼」でもあります。三次元の星から五次元レベル・天国レベルの星になるのです。光が強くなれば今まで見えなかった闇の部分、影の部分が見えてくるのです。

汚い部分を隠したままでは地上は幸せな世界、楽園にはなれません。ウミは出さないといけないのです。国家、政治家、官僚、医療、教育、……今まで表に出なかった闇の部分が見えてきたのも光が強くなってきているからです。

これは個人レベルでもそうです。今から体の汚れ、心の汚れ、魂の汚れ、醜い部分は全部出てきます。汚れをたくさん持っている人はキレイになるために大きな苦しみを伴うでしょう。

お金持ちが自分だけ助かろうと食料を備蓄し、核シェルターに避難していても無駄です。出口を大きな石でふさがれ、生きたまま棺桶に閉じ込められた状態になるでしょう。地球に見切りをつけた学者たちが自分たちだけ助かろうと他の星で生きることや宇宙に避難する計画を立てていますが、それも無駄です。

肉体を持った人間は地球以外で生き続けることはできないのです。ですから魂をどう高めるかということに関心を寄せず、どうやったら生き延びることができるかなどということを一生懸命考えても、あまり意味はありません。人類を救い導くために地上に降りてきた人々も多くが今から帰っていきます。「最後の審判」を受ける必要が無いからです。

肉体を持って人々を導きながら乗り越えていく使命を持った人々は残ります。新しい時代を作るために生まれてきている子供たちや、いまから地球に降りてくる準備をしている人々もいます。どこにいても光に包まれた人は心配いりません。今のうちに自分の心の中の汚い部分、醜い部分を少しでも小さくしていく努力をして下さい。広い視野と心を持つ人になる、それが一番大切なことです。

●新しい地球へ――残る人、残れない人

宇宙も地球も意志を持っています。地球が生きるため、滅びないために自浄作用が起こること、バランスをとることが「最後の審判」です。大掃除が終わった後、地球は美しく生まれ変わります。

この光に包まれた幸福の星にあなたが残れるかどうかは、簡単に自己判断できます。あなたは今までどれだけの人を幸せにしてきましたか？　数えられますか？　それでは逆に、あなたはどれだけの人を傷つけてきましたか？　こちらは数えられるのではないでしょうか。

あなたは今までどれだけ地球を癒してきましたか？　数えられますか？　では逆に、あなたはどれだけ地球を傷つけてきましたか？　こちらはたっぷり、両手では数え足りないでしょう。

ではあなたは人々にとって必要な人でしょうか？　地球にとって必要な人でしょうか？　これからは人にとってでもいい、地球にとってでもいいから必要な人になって下さい。それができなくても、せめて迷惑をかけない人になって下さい。いま一〇迷惑をかけている人は五に減らす。五の人は四に三に減らしていく努力をして下さい。

人はそれぞれ持って生まれた役目があります。誰でも人を癒す何かを持っています。歌で人を癒す人、絵で癒す人、詩を書く人、おいしい料理を作る人、楽器を奏でる人、おもしろい人、力持ちの人、優しい人……それぞれの特徴で人の役に立ったり、人を癒したり、それがその人の使命です。

自分には得意なものがない、自分の役目がわからない、という人はニコニコ笑いながらそこに座っているだけでも良いのです。そして、

「あの人が悪口を言うのを聞いたことがないね、グチを言うのを聞いたことがないね」そういうふうに言われるようになって下さい。

その人はみんなにとって必要な人になるのです。

終章

みんなが幸せになるために

●生き方を変えてください

私たちは日々生活していく中でたくさんの罪を作って生きてきました。人を傷つけ、地球を傷つけ……。

毎日流れる殺人のニュースを聞いて「とんでもないやつだ」と思いますか？　人をナイフで刺し殺した人は悪人。では自分や家族にはとても食べさせられないような大量の農薬を撒いた人や、食品に強い発ガン性がある食品添加物を大量に入れて食べさせた人はどうなのでしょうか。その結果、たくさんの人がガンで死んだ。

一人刺し殺した人とどちらが悪い人ですか？

すぐ死ななければ良いのですか？　みんながやっていることだからしかたないのですか？　食べた人が悪いのですか？

数の問題ではありません。どっちもどっちです。

こういう問題に私たちは麻痺してしまっています。この本を読まれて、そういう仕事にたずさわっている方にお願いします。

あなたがその業界を変えていって下さい。できることからでいい、少しずつでもいい、みんなが健康になるように、みんなが幸せになるように、生産者は自分の作った物に誇りと自信をもつことを目指して下さい。そして消費者の人たちはそういう人を応援して下さい。良いことをしようとしている人、安全なものを提供している人をみんなで支えてほしいのです。世の中を変えるのは政治家でも企業でもなく皆さんの意識なのです。子供たちへの教育もそうです。

塾に通って一流校、一流大学、そして厚生省・外務省……高級官僚のエリートコースを歩んだ人たちが、今何をやっていますか？　小さなときから競争させられ勝ち残った人達が負けた人のことを考えますか？

みんなのことを考えた国を作ろうとするでしょうか、それとも自分のことしか考えないでしょうか？

お父さん、お母さん、そういう人が立派な人ですか？

子供に競争に勝て!!　と強要していませんか？

勉強があまりできなくても、その子がいるだけで周りが明るくなる、いつも笑いに包まれる、その方がよっぽど人々の役に立っています。それがその子のもって生まれた役目です。多くの人を癒しているのです。エリートよりもその子の魂の方がずっと次元が高いのです。

政治や行政にたずさわっている人々にお願いします。汚名を残さずに名を残して下さい。あなたが地位や権力をもっている人ならなおさらです。

あなた一人の思い、行動でたくさんの人を不幸にも幸せにもできるのですよ。

たくさんの罪を積み重ねていないでしょうか？

お金を持って死ぬことはできません。でも罪は持っていくのですよ。莫大な財産は多くの人々から搾取するか、地球を傷つけることによって生まれます。たくさんの悲しみ苦しみ、罪の上に成り立っているのです。

財産は実は罪を生む罪産なのです。だから争いの種を残すことになるのです。

安全でおいしいものを作って入って来たお金、人や地球が喜ぶ発明をして入ったお金、人を幸せにしたお金は、その中に感謝や喜びが入っているのです。積むのならそういうお金にして下さい。

精神世界の勉強をしたり、宗教を熱心に信仰している人にお願いします。自分達のレベルが高いとか、他の教え、宗教が間違っているとか攻撃をしないで下さい。

偉大な先人の方々は、少なくとも争いのために教えを説いたのではありません。一人でも多くの人が救われるように、争いのない平和な世界に行くことができるようにとの思いで救いの法を残したのです。「これだけが正しい」、「こうでないといけない」ということはありません。

●己のごとく隣人を愛して下さい

地球は多種多様な生命があふれています。いろいろな生き物がいるから成り立っているのです。体の臓器が全部同じだと生きていけません。体のパーツが全部手でも、顔のパーツが全部目でも困ります。

得意な物が全員同じでも困ります。町中のお店が全部靴屋さんだったら、全部帽子屋さんだったら困るでしょう。

この世界は違うから成り立っているのです。

神様は一人という一神教と八百万《やおろず》の神々がいる多神教の違いも、体を一つと数えるか、手の働き、足の働き、と数えるかの違いでどちらも正しいのです。

イエスは「己のごとく隣人を愛すべし」と言われました。隣人は近所の人だけではありません。肌の色、民族、宗教の違う人たちのことです。いろいろな民族、いろいろな宗教、それで良いのです。

たしかに宗教にレベルの違いはあります。しかし高いレベルの宗教に入っていてもあなたの魂のレベルが上がっていないと意味が無いのです。レベルの高い魂は攻撃をしません。

今、仮に偉大な救世主が降りてきていても同じことです。その人についていったら救われるのではありません。その方は素晴らしい教え、救いの業《わざ》を出されるでしょう。しかし、それによってあなたが変わらなければ意味が無いのです。あなたが優しくて、人を許せる愛にあふれた人になっていなければ救われません。

人を助ける人を神は助けるのです。

●お金では幸せは買えません。一人では生きられません

私は昭和三十年代に生まれました。子供のころ、この国は、お金持ちの国ではありませんでした。でも子供たちの目は輝いていました。美しい海や山や川、身近な所にも自然はありました。日本は世界一安全な国と言われていました。

駅にカバンを忘れても戻ってくる国でした。夏にはみんな鍵をかけないで網戸で寝ていました。近所の悪ガキをおじさんが怒る国でした。老後の心配をしている人もいませんでした。

日本は豊かになりました。しかし世界一危険な環境の国です。子供は目の輝きを失い、人々の心もどんどん荒れていきます。お金は人の心を狂わせます。

私たちはお金のために一番大切なものを失ってしまったようです。

きれいな空気、きれいな水、安心して食べることのできる食品、緑豊かな山々、命

あふれる海、そしておじいちゃんおばあちゃんの笑顔、子供たちの笑い声、安全で安心して暮らせる社会。

もう気付いても良いころです。お金では幸せを買えない、自分一人では幸せにはなれないということに。

●きれいなものはきれいな所へ、汚いものは汚い所へ

もし天国と地獄があるとしたらどちらに行きたいですか？ どんなに罪深い人でも裏でこっそり悪いことをしている人でも、みんな地獄には行きたくない、天国に行きたいと答えるでしょう。

天国はたとえれば川の上流、美しい清らかな水が流れています。川は少しずつ汚れ、下流ではみんなの排水で汚れたドブ川だとします。ここが地獄です。

上流には美しい生きもの、きれいな魚が住んでいます。ドブ川にはボウフラや汚い姿の生き物がいます。

罪深い人、心の汚れた人が天国に行きたいというのは、ボウフラが清流に住みたいと言うのと同じことなのです。

きれいなものはきれいな所、汚いものは汚い所という宇宙の絶対法則に例外はありません。

神の裁きで地獄に落ちるというよりも自分で選んでいくのです。水の合うところにしか行けないのです。

自然界ではボウフラがトンボに変わることはありません。

しかし私たちは変われるのです。罪深い人も悔い改めれば向上することが可能なのです。自分の中の醜い部分、利己欲、怒り、憎しみ、嫉妬、慢心……それを小さくしていくのです。

きれいな心の持ち主になればきれいな所に行きます。そして人の感謝や喜びが、その人の魂を向上させていくのです。

死を恐れる必要もありません。人は生まれてくる前に約束をして出てきます。長く生きたから幸せ、短いから不幸ということはありません。

執着が少ない、あまり修行の必要が無いから五年、一〇年の約束で出てきた人もいます。

幼い子供さんを亡くされた方は死んだ子の年を数えてはいけません。忘れないこと、ちゃんと供養してあげることは大切です。しかし親の強い執着は残された人を悲しませるだけではなく、帰っていった魂の向上のさまたげになるのです。

親の強い執着のため、帰ることのできない可哀相な子もいます。反対の立場になれば残された親が毎日泣き暮らしているのを見てどう思うでしょうか?

家族に笑顔が戻り、前向きに生きて行くのを見たら、きっとお子さんも安心しますよ。

●未来はあなたにかかっています

ユダヤの人々の言い伝えに「人生は一冊の本のようなものである。表紙があれば必ず裏表紙がある。大切なのは本が厚いか薄いかではなく中身なのです」という教えがあるそうです。

人間生まれてきたら必ず死ぬのです。自分の本の厚さはみんな知りません。薄くても人を感動させたり、優しい気持にさせたり、楽しくさせる本もあれば、厚いだけで中身の無い本もあります。

若いから残りページが多いとも限りません。死ぬときに悔いを残すような生き方をしないで下さい。今を輝いて生きることが大切です。

そしてその本が、人に勇気や感動を与えることができればそれが最高の人生です。

私たちは今、この星に修行にきています。我や執着をとるため、本当の愛を学ぶため、そして幸せになるためです。地球は進化を続けています。

そして、いよいよ勉強のための場所を卒業するときがやってきました。地球は五次元レベルの星に上昇するのです。

世界中の聖者が予言した「ミロクの世」「地上天国」と呼ばれる、苦しみ悲しみのない美しい地上の楽園がもうすぐ訪れるのです。

地球は今汚れています。地上が天国になるということは、今から地球が清流になるということです。水がきれいになっていけば汚いものが自然に姿を消していく。それが「最後の審判」です。

きれいな水が合う人になって下さい。

本来の予定ならば、すでに大きな魂の選択が起こっているはずです。しかし改心ができ五次元レベルに達している人の数が三パーセントと少なく、今それを行うと九七パーセントの人が地球から姿を消さなければなりません。良い行いも、悪事も、すべて見られています。

地球は一人でも多くの人を残したいのです。環境破壊は限界にきていますが、ギリギリまで自浄作用を働かせるのを我慢してくれているのです。


あなたは人を傷つけるために生まれてきたのですか？

あなたは地球を滅ぼすために生まれてきたのですか？

どう生きるべきか、本当の幸せとは何か、もう一度みなさんに考え直してもらいたいと思います。

今から多くの人が目覚めていくでしょう。

そして力を合わせ一緒に世の中を変えていきます。思想、宗教、民族、あらゆる違いを乗り越えて一つになっていくのです。

みんなの幸せが自分の幸せ、みんなつながっています。

私たちは地球を癒すため二十一世紀の素晴らしい地球を作るために生まれてきたのだ、ということを思い出して下さい。

地球の未来は、あなたにかかっているのです。

〈主要参考文献〉

新谷弘実『胃腸は語る』（弘文堂＝平成十年）
高木善之『地球村宣言』（ビジネス社＝平成八年）
忰山紀一『よみがえる千島学説』（なずなワールド＝平成十年）
武田崇元『出口王仁三郎の霊界からの警告』（光文社＝昭和五八年）
出口王仁三郎『水鏡』（天声社＝昭和三年）
高尾征治『脳内パラダイム革命がもたらす新しい宇宙生命像』（徳間書店＝平成八年）
出口王仁三郎『月鏡』（天声社＝昭和十年）
深野一幸『波動の超革命』（廣済堂＝平成八年）
浜六郎『のんではいけない薬』（金曜日＝平成一八年）
母里啓子『インフルエンザ・ワクチンは打たないで！』（双葉社＝平成一九年）

本書は二〇〇一年八月に出版した書籍を
加筆して新装版としたものです。

【新装版】何のためにあなたは生きているのですか

著　者　　大田　篤
発行者　　真船美保子
発行所　　KKロングセラーズ
東京都新宿区高田馬場2-1-2　〒169-0075
電話　(03)　3204-5161(代)　振替00120-7-145737
http://www.kklong.co.jp
印刷・製本　中央精版印刷(株)

落丁・乱丁はお取り替えいたします。
※定価と発行日はカバーに表示してあります。
ISBN978-4-8454-5125-8　C0270　Printed In Japan 2020